ALBERTO NESSI

BLUES IN C

JOURNAL EINES JAHRES

Aus dem Italienischen von Maja Pflug

Limmat Verlag
Zürich

Für Raffaella,
die mir hilft klarzusehen

Ich danke Ève, Villi und Amito,
meinen Erstlesern und Ratgebern

MÄRZ

Heute Nacht habe ich geträumt, ich hätte das Coronavirus in seiner aggressivsten Form. Eine Ärztin im weißen Kittel schaute mich an und schickte mich erschrocken in Quarantäne. Vermutlich die Nachwirkung dessen, was ich gestern Abend in Fernsehen gesehen habe, die Sterbenden, die mit den Augen sprechen.

Wir gehen auf Bärlauchsuche nach Caneggio. Niemand auf der Straße. Zwei Radfahrer, Raffaella sagt, sie halten nicht genug Abstand. Wir sehen einen guten Freund kommen, einen, der, wenn er sich an einen sehr alten Baum lehnt, eine vitale Kraft über den Rücken strömen fühlt, die ihn aufrichtet. Er dreht das Fenster seines klapprigen SAAB herunter und sagt, der Weg sei wegen Bauarbeiten gesperrt. Wir gehen trotzdem weiter und entdecken einen Weg, den wir noch nicht kannten, dabei leben wir schon über zwanzig Jahre hier! Wir pflücken die zarten Triebe der Klatschnelke, die im Risotto gut schmecken. Dort auf der Wiese unterhalb des Dorfs gibt es eine kleine Kolonie von Euphorbien, wir erkennen sie an ihrem helleren Grün.

Oft ist man für sich allein glücklich; doch kann man nicht glücklich sein, wenn jeden Tag so viele Tote gemeldet werden wie noch nie. Sicher, der Gleichmacher hat für jeden ein Auge, aber man hätte gern jemanden bei sich, der einem im Augenblick des Überwältigtwerdens ein Wort sagt. Stattdessen kann man jetzt in den Intensivstationen nur mit den Augen über der Maske sprechen. Und auch wir, zu Hause, wo wir uns an den Vögeln freuen, die einander zwitschernd im Geäst nachjagen, können nicht glücklich sein, wenn wir wissen, dass die alten Menschen im Krankenhaus sich selbst überlassen sind.

Ich liebe es, allein zu sein, weil es mir erlaubt, in Ruhe zu denken, in mich hineinzusehen, unter einem Baum sitzend ein Buch zu lesen; aber wenn mir aus dem Laub ein Gespenst zuschaut, habe ich keine wirkliche Ruhe.

«Beata solitudo, sola beatitudo – Glückliche Einsamkeit, einsame Glückseligkeit», heißt es. Doch in diesen außerordentlichen Zeiten bekomme ich Schuldgefühle, wenn ich allein bin: Denn während ich mir die Lungen mit Frühlingsluft fülle, kann in meiner Nähe jemand nicht atmen. Wie soll man Glück mit Schmerz vereinbaren? Es geht nicht. Oder vielleicht doch, denn alle Lebewesen sind vergänglich. Einer Blume ist es bestimmt zu welken, und gerade deshalb kann sie für mich schöner sein, weil ich sie morgen nicht mehr sehen werde.

Das Bewusstsein der Vergänglichkeit kann Lebenslust wecken. Der Psychoanalytiker Boris Cyrulnik, der tragische Erfahrungen durchgemacht hat, sagt, Krankheit könne ein dunkles Licht sein, ein fabelhaftes Unglück, wenn nach einem tiefen Schmerz unsere Widerstandsfähigkeit gestärkt ist.

Wenn ich draußen durch den Wald wandere, passiert es mir, dass ich im Rhythmus des Gehens Verse komponiere. Oder laut die Verse großer Dichter aufsage:

Sous le pont Mirabeau coule la Seine
Et nos amours
Faut-il qu'il m'en souvienne
La joie venait toujours après la peine ...

Oder:

Felicità raggiunta, si cammina
Per te su fil di lama ...

Heute habe ich im Garten eine Entdeckung gemacht: ein Gras, das ich noch nie gesehen hatte. Zwischen den Steinen gewachsen, habe ich es aufgestöbert, wie konnte ich es nur übersehen? Es ist eine Frucht des Coronavirus, ich will es fotografieren und an meinen Freund Pierino schicken, auch er liebt Mauergräser. Aber mein Glück balanciert auf Messers Schneide, wie in dem Vers von Montale.

Pierino, der an einem Tumor leidet, ruft mich an.
«Wie bringst du die Zeit herum?», frage ich.
«Ich lese jeden Tag ein Kapitel aus *Die Brautleute*, zusammen mit Sonia.»
Sie sind eingesperrt und lesen. Begeistern sich für den wunderbaren Manzoni, den uns vielleicht in der Schule jemand vergällt hatte.
Auch ich lese. Doch jetzt gerade sehe ich vom Studio aus eine iranische Freundin auf der Straße vorbeigehen. Ich öffne das Fenster und begrüße sie. Sie sagt mir, sie gehe zum Wildbach, tief unten in der Felsschlucht im Tal, um den Wellen Linsensprossen anzuvertrauen: ein heiliger

Brauch, der die Völker des Orients bei Frühlingsanfang im Kult des Lebens verbindet.

*Der Skolopender
läuft unerwartet über den Küchentisch,
das Radio spielt gerade
ein Mozartkonzert. Herausgekrochen
von wer weiß woher, aus einem geheimen
Versteck zwischen Stuhl und Kamin,
krabbelt er hastig davon
mit über hundert Beinchen,
und ich erschrecke wie ein Kind.*

Morgens stehe ich früh auf und lausche als Erstes dem Konzert der Vögel, die in diesem Frühling sehr gesprächig sind.

Einer singt besonders laut, vielleicht baut er gerade im Dickicht sein Nest: denn Freude lässt ihre Stimme immer laut erklingen. Die Hainbuche bewegt sich nur leicht im Lufthauch, und die Pfingstrose hat ihre Pflicht getan, sie ist auch heute Nacht noch ein bisschen gewachsen. Ich betrachte den Himmel, der allmählich hell wird. Das Leben hat seinen Lauf verlangsamt. Man hat mehr Zeit für die kleinen Dinge draußen und für die großen, die in uns vor sich gehen.

Für die draußen haben wir einen neuen Blick. Das bewirkt die Langsamkeit, sie verändert die Art, in der sich die Dinge bemerkbar machen, und dadurch spielen sie jetzt eine unerwartete Rolle, voller Überraschungen: Blätter zeigen auf einmal feine Äderungen, die schwarze Katze im Gemüsegarten bewegt sich kühn wie ein Panther im

Urwald; das Goldkraut, das dort neben dem Kompost
sprießt, hatte ich noch nie bemerkt. Und die erste Blind-
schleiche der Saison glänzt im Gras wie die Augen eines
kleinen Mädchens.

In mir geschehen seltsame Dinge: Der Krach, den ich vorgestern mit einem Freund hatte, stellt sich nun als Dummheit heraus; über die Diskussion mit meiner Tochter, bei
der ich unbedingt recht haben wollte, denke ich nun, dass
im Grund vielleicht doch sie recht hatte; die kritische Meinung über eine Person ist immer relativ. Warum versetze
ich mich nicht in sie hinein?

An Tagen, an denen alles durcheinander geraten zu sein
scheint, fällt es leichter, sich auf sein Innenleben zu konzentrieren. Wenn ich die Dinge mit einem gewissen Abstand
betrachte – dem von den Gesundheitsbehörden empfoh-
lenen Abstand –, sehe ich sie besser: Die Unebenheiten
glätten sich, der Hochmut verliert die Schärfe, der Hass
wird zu einer traurigen Leidenschaft; den Wutanfall, den
ich kürzlich am Abend hatte, finde ich zum Lachen, wenn
ich jetzt daran denke. Es gibt Wichtigeres auf der Welt:
Siehst du nicht den Schmerz um dich herum? Und den
Soundso, der Urteile abgibt, den Politiker, der wie ein Polizist daherredet, den Mann, der nicht merkt, dass er betro-
gen wird ...

Die innere Bereicherung, die wir durch Meditation,
Gespräche, Lektüre oder auch nur einen einsamen Spaziergang erleben können, offenbart uns die Reserve an verbor-
genem Licht in uns und ermöglicht, dass es zutage tritt.
Das betrifft nicht nur Gläubige, sondern auch Nichtgläu-
bige. Letztere vielleicht sogar noch mehr. Denke ich zum

Beispiel an jenen Freund, der gestorben ist, werde ich nicht traurig, da ich eine gute Erinnerung an ihn bewahre. Das schreibt auch Dostojewski in *Die Brüder Karamasow*:

«Wissen Sie also, dass es nichts gibt, was höher, stärker, gesünder und für das bevorstehende Leben nützlicher wäre als irgendeine gute Erinnerung, und besonders eine, die noch aus der Kindheit, aus dem Elternhaus herrührt. Man erzählt Ihnen viel von Ihrer Erziehung, aber eine schöne, heilige Erinnerung, die man sich aus der Kindheit bewahrt hat, ist vielleicht die allerbeste Erziehung. Wer viele solche Erinnerungen mit ins Leben nimmt, ist fürs ganze Leben gerettet. Und selbst wenn sich nur eine einzige gute Erinnerung in unserem Herzen erhält, so kann auch die uns einmal zur Rettung dienen.»

21. März, Tag der Poesie. Kann man an Tagen wie diesen über Poesie sprechen, wenn der Tod auf der Schwelle erscheint, sich heimtückisch auf dem Gesicht dessen abzeichnet, der uns auf der Straße begegnet, über die Fernsehschirme zu uns ins Haus kommt, als wären wir in Kriegszeiten? Wenn in den Leichenhallen der Lombardei kein Platz mehr ist und man auf den Straßen von Bergamo Militärlastwagen voller Särge vorbeifahren sieht? Die erste Antwort lautet Nein, kann man nicht. Genau bedacht glaube ich aber, dass es doch möglich ist. Ich glaube sogar, dass man darüber sprechen muss, auch die Dichtung hat die Menschheit von Anfang an begleitet: Homer, Villon, Dante, Leopardi, Baudelaire, Celan und alle großen Dichter sprechen vom Tod und vermitteln uns Leben.

Die Dichtung legt die Adern der Existenz bloß, ihre Verletzlichkeit. Sie sagt uns: Lebe intensiv, als sei es der letzte Tag. Die Poesie kann uns die Kraft geben, den Schmerz auszuhalten. Denn sie ist eine Muschel, in der die Musik der Welt erklingt, wie Octavio Paz sagte.

Diese Musik kann ein kleiner Walzer sein, gespielt von einem Straßenmusiker, oder eine Symphonie, ein Blues oder ein Streichquartett, das Pfeifen eines Jungen mit den Händen in der Tasche oder das Stöhnen eines Verwundeten, das Flüstern eines Verliebten oder der klagende Ruf des Käuzchens. Sie muss nur echt sein und uns die Welt entdecken lassen. Von dieser Musik begleitet, erscheinen uns die alltäglichen Dinge, die wir nicht mehr beachten, eines Tages in einem neuen Licht. Sei es auch nur ein Blick, ein aufgeschnapptes Wort, ein zusammengerolltes Blatt, die Glyzinie, die dieses Jahr vorzeitig blüht: Plötzlich laden sich diese Dinge mit Bedeutung auf und scheinen eine Botschaft zu enthalten. Sie sind also nicht mehr nur Blick, Wort, Blatt, Blüte, sondern Zeichen, die uns direkt betreffen. Dank seiner Empfindsamkeit kann der Dichter diese Zeichen erfassen, sie befragen, auch wenn er keine Antwort erhält. Wichtig ist die Frage.

Die Dichtung in Versen folgt keinen Gemeinplätzen, ist nicht politisch korrekt und dreht den Konformisten eine lange Nase. Sie ist kein Text, bei dem man einfach schon vor dem Ende jeder Zeile eine neue beginnt. Ein Gedicht ist Musik und Bilder und Gedanken. Und alles entscheidend ist der Rhythmus, der Rhythmus des Herzschlags. Die Dichtung ist ein unbekannter Ort, den es zu entdecken und miteinander zu teilen gilt. In Zeiten der Verwirrung und Trostlosigkeit brauchen wir sie.

Die spanische Philosophin María Zambrano bemerkt in

ihrem kurzen Aufsatz *Die Krise des Wortes,* man müsse das Böse in Gutes verwandeln, müsse aus der Dunkelheit das Licht zutage fördern. Das ist kein leichtes Unterfangen und hat etwas mit Zauberei zu tun. Ich würde mich mit einem Schimmer davon begnügen. Einem Schimmer, der uns hilft, den anderen mit brüderlichen Augen ins Gesicht zu sehen. Denn zu leben ist nicht selbstverständlich, und auch die Poesie, das Wunder der Poesie, kann uns helfen, aus der Dunkelheit das Licht zutage zu fördern.

Alleinsein bedeutet, wieder zu uns selbst zu finden, oder vielmehr, zu versuchen, wieder zu uns zu finden, weil die Gesellschaft uns zermalmt und wir nicht mehr merken, wer wir wirklich sind. Alleinsein fördert die Sehnsucht nach der Zeit, in der wir glaubten, glücklich zu sein. Kafka schreibt im vierten der *Acht Oktavhefte:*

«Es ist nicht notwendig, dass du aus dem Haus gehst. Bleib bei deinem Tisch und horche. Horche nicht einmal, warte nur. Warte nicht einmal, sei völlig still und allein. Anbieten wird sich dir die Welt zur Entlarvung, sie kann nicht anders, verzückt wird sie sich vor dir winden.»

Ich entlarve dich, Welt! In diesem Augenblick, am regnerischen Sonntagmorgen, ist es die Glyzinie, die sich verzückt vor meinen Augen windet, im Gewirr ihrer Blätter.

Als ich zum Fenster hinaussah, fiel mir auf, dass die Klematis schon blüht und die Kaskade rosafarbener Blüten wieder an der Fassade prangt. Und wenn der Wilde Wein weiter so vorwitzig ist, werde ich bald die Fensterläden meines Studios nicht mehr öffnen können. Die Welt der Natur droht mich zu überwältigen. Vielleicht hat sie ja recht, doch auch ich möchte überleben. Meine Kreativität hat neuen Schwung bekommen, wie zu der Zeit, als ich an Krebs litt.

Cosma, einer meiner Enkel, wird zwei Jahre alt, und als Geburtstagsgeschenk schicke ich ihm dieses Gedicht:

Du hältst lange Reden, die nur die Engel
verstehen – die Lockenbengel
in den Kuppeln an die Balustraden gelehnt
oder im Himmel zwischen Wolken jonglierend.

Du sprichst die Sprache der Veilchen,
die am Weg nach Uggine duften,
siehst uns freudig an, fragst uns
verloren im Kosmos der Glücklichen.

Heute Morgen ruft mich ein Freund an: Er möchte mir gern zwanzig Seiten schicken, die ein Bekannter von ihm geschrieben hat. Es handle sich um den Bericht des Sohns jenes Freiwilligen im Spanischen Bürgerkrieg, der in den Dreißigerjahren die Sektion Mendrisio der Kommunistischen Partei des Tessins gegründet hat. Und diese von einem einfachen Mann verfassten Seiten offenbaren die ganze Engstirnigkeit und die Vorurteile eines gewissen Teils des Kantons Tessin. «Interessieren sie dich?», fragt er. «Ja», antworte ich, «Engstirnigkeit ist weit verbreitet, besonders in der Welt der Politiker.»

Dann lässt sich der Freund zu einer bissigen Kritik hinreißen. Er sagt, die jungen Generationen hätten keinen Bezug zur Geschichte, sie hätten keine Ahnung von der Vergangenheit, wüssten nicht, wer Stalin ist, dächten, Proust sei ein Rennfahrer, sprächen den Namen Camus englisch aus, *Cämius,* und Rimbaud hieße für sie *Raimbow* ...

«Was das betrifft», sage ich, «*Cämiüs* und ähnliche Verballhornungen habe ich auch schon im Radio gehört.»

APRIL

Ich stehe wie gewöhnlich früh auf und höre den Kuckuck rufen. Er ist doch noch gar nicht dran. In diesem Frühjahr ist alles verkehrt. Der Kuckuck rührt mich mit seinen zwei Tönen, einem hohen und einem tiefen. Welcher wird überwiegen?

Was die Psyche betrifft, befinde ich mich gerade in einer besonderen Phase. Erinnerungen, die der Nebel verschluckt hatte, tauchen im Bewusstsein auf. Mir ist zum Beispiel plötzlich ein Ausdruck aus unserer Familiensprache wieder eingefallen, *schlenziga,* ein Wort ohne Sinn, das meine Schwester zu mir sagte, während sie Fratzen schnitt. Ich hatte es vollkommen vergessen, und für einen Augenblick hat es ein Fenster auf meine Kindheit geöffnet. Auch erinnere ich mich genau an verstorbene Personen. Peppino:

Jetzt wanderst du mit der Angelrute
zwischen den Flusskieseln, November rüttelt
an Girlanden blutiger Blätter. Und ich
höre noch einmal die Trompete, gespielt
von dir, als du Harry James warst
auf dem Foto im Silberrahmen auf der Kredenz
- die Schwalben sind fortgezogen, doch was bleibt,
ist das Echo dieser gedämpften Musik.

Es waren die Tage der Jutesäcke, die Schmuggler
im Wirtshaus erzählten Geschichten vom Vollmond.
Es waren die Tage, als wir Waldrebe rauchten.
Am Sonntag kamst du mich besuchen
mit dem großen Auto in Form einer Zahnpastatube,
brachtest meine Mutter und meine Schwester mit
in die Stadt am See, wo ich zur Schule ging
und bessere Bläser als du
in den Tanzkapellen unter den Arkaden spielten.
Du erzähltest mir von jenem Oberleutnant:
Du hast sie ihm auf den Kopf gehauen,
die Trompete, am Tag, an dem du rebelliert hast
– die einzige Rebellion in deinem Angestelltenleben.

Jetzt ziehst du mit den Vögeln, das Fest ist vorbei,
verschwunden das Wirtshaus,
die Forellen schwimmen nicht mehr nach oben,
und auch jener Leutnant ist dahin
und leistet nun den Wolken Gesellschaft.

Du gehst geradeaus auf den Pfaden der Anemonen,
denn wenigstens sie, für immer,
erinnern sich an dich.

Der Vogelbeerbaum überragt den Schneeball, das war mir noch nie aufgefallen. Es ist nur eines der vielen kleinen Dinge, die wir dank dieser Tage eher wahrnehmen. Unsere Aufmerksamkeit ist wacher. Und ich merke, dass die Vögel, Leopardis «heiterste Kreaturen», zahlreich herbeieilen, um uns die Gefangenschaft zu erheitern.

Einer mit rotem Halsband – er erinnert mich an Emily

Dickinson – kam heute Morgen und klopfte an die Scheiben des Wohnzimmerfensters.

Ein Vögelchen mit rotem Halsband
schaut flügelschlagend zum Fenster herein
in der Aprilluft – vielleicht will es
Freundschaft schließen; doch seine bebende Fröhlichkeit
eckt an und verlöscht an der Mauer aus Glas.

Ich sende Christian, meinem Freund und Übersetzer, die Texte der Artikel, die ich für die Zeitung geschrieben habe: zwei schon publizierte, zwei, die noch darauf warten; denn auch die Tageszeitungen sind in der Krise und verringern die externen Beiträge.

Christian fragt: «Führst du eine Art Lockdown-Tagebuch?»

Im Radio höre ich ein Stück von Schönberg, eine Komposition für Chor vom Anfang des Jahrhunderts. Tragische Stimmen verflechten sich, und ich denke, dass wir das Gefühl für das Tragische verloren haben, obwohl es an Erinnerungen an Tragödien ja nicht mangelt nach den Massakern und den Diktaturen des letzten Jahrhunderts! Doch der Mensch vergisst sofort. Auch morgen – morgen? –, wenn die Pandemie vorbei sein wird, wird der Mensch sie vergessen und den Planeten weiter zerstören und weiter konsumieren wie zuvor.

Wie jeden Morgen lese ich die *Repubblica* auf dem iPhone und staune: In dem kurzen Video steht in Denver ein grün gekleideter Mann reglos mit den Händen hinter dem

Rücken auf der Straße und blockiert den Verkehr. Er ist Krankenpfleger. Dann fährt ein aggressiver SUV heran, aus dem eine Protestfahne gegen den Lockdown ragt; drinnen sitzen Demonstranten, die den Pfleger laut beschimpfen. Und er steht unerschrocken in seinem Arbeitskittel vor dem Monster und rührt sich nicht, ein Held, der den Tod herausfordert, um Menschenleben zu retten.

Das ist das Amerika von heute: Wie anders als das Land, für das wir schwärmten, als wir jung waren, das Amerika von Edgar Lee Masters, John Steinbeck, Arthur Miller, James Dean, Joan Baez, Bob Dylan! Jetzt ist Trump da, die grässliche Marionette mit dem gelben Schopf. Es gibt sogar Massengräber, in denen die *homeless* und die Leute enden, die als Abschaum betrachtet werden. Mir kommen Francos Schlägertrupps in den Sinn, die im Spanischen Bürgerkrieg «viva la muerte!» riefen: Das hier ist genauso, nur schlimmer, denn wir leben in Friedenszeiten.

Zum ersten Mal bin ich Vollzeit-Schriftsteller. Ich habe mir fest vorgenommen, ein Tagebuch zu schreiben, und will diese Verpflichtung einhalten.

Mein Moleskine füllt sich mit Notizen, die Bücher lösen einander in wilder Folge auf dem Schreibtisch und dem Wohnzimmertischchen ab. Heute sehe ich, zufällig aufeinandergestapelt, *Die Pest zu London* von Daniel Defoe, *Die Pest* von Albert Camus, *Tagebuch eines Diebes* von Jean Genet, *Tagebücher 1887–1910* von Jules Renard, *Die fröhliche Wissenschaft* von Nietzsche, *Die Zukunft einer Illusion* von Freud, *Über die Dummheit* von Robert Musil …

Manche werden sagen, das seien zu viele; aber nein, wenn wir das Buch als lebendigen Organismus betrachten, ist es bloß Biodiversität. Oder mein Gesprächspartner könnte sagen, bei so vielen Autoren bestehe die Gefahr der Unübersichtlichkeit. Mag sein, aber ich liebe Minestrone mit vielen verschiedenen Gemüsen.

Die Hainbuche im Garten schüttelt den Kopf, sie ist nicht zufrieden mit dem Lauf der Dinge. Es herrscht Empathie zwischen uns beiden. Wir verstehen uns.

Heute Nachmittag habe ich den schönsten Ort der Welt entdeckt. Es ist ein steiler Pfad, von einem eifrigen Mann aus der Verwilderung befreit und dieser Tage wieder instand gesetzt; überschattet von belaubten Zweigen, die im ersten Grün leuchten, führt er zum Wildbach, zu einer Ausbuchtung, einer Art wildem Strand aus graublauen Steinplatten, und diese Steine erinnern mich an meine Chiasseser Kindheit am Ufer der Breggia, zwischen Kieseln, blühendem Seifenkraut und an den Narren, der kopfüber in eines der Wasserlöcher sprang.

    Ich lege mich auf einer Kalksteinplatte in die Sonne. Ich fühle mich, als sei ich einer von den Künstlern aus dem Norden, die an diese Wasserstellen kamen, um vom Garten Eden zu träumen. Der Kuckuck wiederholt seinen klagenden Ruf, *nie mehr, nie mehr.* Das Kiesbett ist übersät mit Buddleja, die sich mit ihren lila Speeren in den Wellen des Wildbachs spiegeln.

    Auf dem Rückweg sehe ich Farne, die beginnen, sich wie Seepferdchen einzurollen; ich erkenne Zimbelkraut, Nestfarn, scharfen Mauerpfeffer, Rupprechtskraut. Dann fließt ein dünner Strahl klaren Wassers aus dem Rohr eines alten Brunnens. Wenn ich den Blick hebe, sehe ich das Dorf an der Talseite gegenüber. Ein weißer Schmetterling folgt mir.

Zwei Freunde besuchen uns zum schlichten Aperitif: Körnerwaffeln und Bier. Wir haben Gläser bereitgestellt, doch sie haben kein Vertrauen und trinken aus der Flasche, so sei es viel schöner, sagen sie.

Wir unterhalten uns in gebührendem Abstand und erfahren die letzten Neuigkeiten: Das Paar junger Älpler, die auf die Loasa hinaufgestiegen sind, eine abgelegene Alp in der Gegend des Bisbino. Sie sind aus dem Onsernonetal hergekommen, wo sie beschuldigt wurden, in den Tod eines Mazedoniers verwickelt zu sein, der vor einiger Zeit an einem Steilhang abgestürzt ist.

Nicola erzählt die Geschichte; zumindest wurde sie in einer Fernsehdokumentation so dargestellt: Der Mazedonier arbeitet den ganzen Tag auf der Alp, die von den beiden bewirtschaftet wird. Doch eines Abends gibt es im Restaurant unten im zehn Kilometer entfernten Dorf im Fernsehen ein Fußballspiel: «Das schaue ich mir an», sagt der Knecht. Und geht los. Am Ende des Fußballspiels kehrt er in der Nacht auf die Alp zurück, weil frühmorgens die Kühe gemolken werden müssen, und stürzt am Steilhang ab. Nach einem Monat wird er gefunden, ein Tourist sieht ein Bein aus einem Gebüsch ragen. Aber die Leute beginnen zu munkeln. Nun sind die beiden hierhergekommen, um weitab von der Welt in Frieden zu leben.

Morgen ist der 25. April, Tag der Befreiung vom Faschismus in Italien. Es gibt Leute, die vorschlagen, diesen Feiertag abzuschaffen, die italienische Gesellschaft zu versöhnen.

«Fragt mal die Opfer von Marzabotto, ob sie sich versöhnen wollen», hat der Cantautore Francesco Guccini in einem Interview gesagt. Doch wer erinnert sich noch an dieses Massaker, befohlen von General Kesselring, dem zwischen dem 29. September und dem 5. Oktober 1944 1830 Menschen zum Opfer fielen?

In manchen Kreisen triumphiert der Faschismus in Verbindung mit dem Rechtspopulismus der Lega auf ekelhafte Weise. Im Stadion von Verona, als noch Fußball gespielt werden durfte, hörte man Sprüche wie diesen: «Unsre Mannschaft ist genial/das Hakenkreuz ihr Ideal», mit Endreim.

Tatsache ist, dass der Faschismus in Italien nicht beseitigt und die Resistenza nicht von allen als einigender Wert der Nation anerkannt wurde.

Trump empfiehlt Injektionen mit Desinfektionsmittel und ultraviolette Bestrahlungen, um das Virus zu vertreiben. Vielleicht wäre es angebracht, das Geschwür seiner kriminogenen Ignoranz zu desinfizieren.

Als ich die Treppe hinunterging, blieb ich stehen, um die Bücher in den oberen Regalen anzusehen, und fischte aufs Geratewohl eines heraus: *Populärmedizin in der Romagna*. Mir fiel ein, dass Travella es mir geschenkt hatte. Mein inzwischen verstorbener Freund Travella.

Ich erinnere mich noch genau: Unter dem aufmerksamen Blick des Engels, der auf eine Hauswand in Boffalora gemalt war und ein Riesenfiasco Rotwein schwenkte, spazierten wir den Corso auf und ab. Und Travella erzählte mir von der Zeit, als er an der Rampe arbeitete, zuständig für die Beförderung der durchkommenden Tiere: Hühner,

Schweine, Alpenkühe; die Rampe ist ein Toponym meiner emotionalen Geografie, verbunden mit der Welt der Eisenbahn in Chiasso. Und Travellas Geschichte wurde lustig, als er darauf zu sprechen kam, wie der Zug einmal am Bahnhof von Mailand hielt und der Stier namens Spartaco im Viehwagen seine Ketten sprengte und sich auf den Weg in die Freiheit machte: Corrida in der Stazione Centrale ...

Einmal führte uns unser Spaziergang bis nach Pedrinate, wo er mir den Grenzstein zeigte, der den südlichsten Punkt der Eidgenossenschaft markiert, wie uns in der Schule beigebacht wurde: ein guter Platz für Pilze.

Der Flugverkehr ist zurückgegangen. Die Abflüge und Landungen am Flughafen Malpensa, die man zu normalen Zeiten auch von unseren Hügeln aus sehen kann, sind fast verschwunden. So ist der Himmel endlich wieder leuchtend und klar, Stille erfreut uns, die Luft ist wieder Luft und nicht etwas, was einen vergiftet.

So eine Stille hatte ich noch nie gesehen.
Sie hat das Gesicht der Versteckten, ein Fuchsmaul,
Grasaugen. Und ich gehe auf Pfaden
zwischen Birken und silbrigen Buchen.

Nachts, während ich schlaflos wach liege, sehe ich Licht im Bad unseres Nachbarn. Ich höre ihn husten. Noch ein Hustenanfall, morgen will er bestimmt in den Gemüsegarten gehen, kann sich aber kaum auf den Beinen halten, wer weiß, ob er es schafft, auf die Füße zu kommen, da ist dieser kleine Strauch, der aufgerichtet werden muss ... Dann geht das Licht aus.

«In den Peripherien 63 % der Todesfälle, gegenüber 32 % in der Hauptstadt. So hat die Ansteckung wieder Ungleichheiten und Wut zum Vorschein gebracht», lese ich. Das heißt, dass sich die Gesellschaft nie ändert, keine Chance. Der Arme stirbt eher als der Reiche, der Starke siegt über den Schwachen.

Was sich aber ändert, ist das Image der Peripherie. Heute ist sie ein Ort der Verwahrlosung, besonders um die Städte, früher war sie poetisch: Als ich ein Junge war, mischte sich in der Peripherie der Vorort mit dem Gras auf den Weiden, zwischen den letzten Häusern ahnte man ein Versprechen von Abenteuer, die toten Geleise waren geheimnisumwittert. Über dem Gasometer, dessen Konturen ich manchmal auf der Schulbank zeichnete, war der Himmel der Erde näher, auf der Allee mit den Bocciabahnen konnte man Geschichten lauschen und dabei den Rauch der Brunette-Zigaretten einatmen, und mir war, als umspielte die Lippen der Frau, die bei der Fabrik um die Ecke kam, ein heimliches Lächeln. Ich floh von der Lehrerbildungsanstalt in die Peripherie, um das Leben zu lernen.

Die Pandemie schafft groteske Situationen: In einem italienischen Supermarkt wurde eine bis oben hin vermummte Signora mit Schwimmbrille und zwei Masken übereinander gesehen, die drei Wagen mit Lebensmitteln füllte. Sollte es sich um eine Karikatur handeln?

Bei Interviews sieht man, wie manche Leute mit Maske auf dem Gesicht antworten, so versteht man gar nicht, was sie sagen. Und außerdem herrscht ein großes Durcheinander, besonders in Italien: Hier wird zugemacht, da wird aufgemacht, dies kann ansteckend sein, jenes nicht. Die

Ära der Unsicherheit ist angebrochen. Ehrlich gesagt hat es sie schon immer gegeben, die Unsicherheit, in der flüchtigen Gesellschaft; jetzt aber beherrscht sie alles.

Im Garten ist die erste Schwertlilie erblüht, fast überrascht zu existieren.

Wiegenlied in Zeiten des Virus

Schlaf ein, mein Kind,
die Welt ist schön,

die Blume blüht wieder,
die Mäuse tanzen,

am blauen Himmel
ist der Staub fein,

Ozon ist in der Ebene
ein guter Zauberer.

Mein Kind, schlaf ein,
ich lass dich nicht allein.

Am Nachmittag fahre ich nach Mendrisio hinunter, ich habe einen Termin. Unterwegs kommt mir plötzlich eine Idee, und ich will anhalten, um sie in meinem Moleskine zu notieren. Doch der Parkplatz ist voll, keine einzige Lücke. Es geschieht selten, dass hier alle Plätze besetzt sind, nur wenn es ein Fest gibt, eine Beerdigung, ein außergewöhnliches Ereignis wie das, was wir in diesen Tagen erleben.

Im Gespräch tauchen verschüttete Dinge auf: Als ich mich mit dem Nachbarn unterhielt, erinnerte ich mich plötzlich an das einzige Mal, als ich mich beim Barbier rasieren ließ, wie es in Italien vor allem im Süden im letzten Jahrhundert der Brauch war. Es war bei meinem Umzug, als ich Coldrerio verließ, um ins Tal zu ziehen.

An jenem Augustmorgen, nachdem ich wenig und schlecht geschlafen hatte, habe ich zum ersten Mal den kleinen Laden im Dorf betreten, zur Überraschung des Barbiers, der mich noch nie gesehen hatte. Das war der Abschied von der glücklichsten Zeit meines Lebens.

Der Kleinbürger, wie man früher sagte, ist ästhetisch frigide. Vom Wohlstand träge geworden, beschäftigt mit dem Kult um den eigenen Körper, fällt es ihm schwer, sich dem Schönen zu nähern und sich ins Schöne zu verlieben. Heute benutzt man den Begriff «bourgeois» nicht mehr, als wären die Klassenunterschiede verschwunden. Es gibt sie aber, und wie. Die Balken, die die alten Strukturen tragen, schienen vom Holzwurm zerfressen, doch sie sind stabiler denn je.

Man muss allerdings klarstellen, dass die ästhetische Frigidität keine spezielle Eigenschaft einer gesellschaftlichen Klasse, sondern ein allgemein verbreitetes Phänomen ist, da das System, in dem wir leben und in dem Haben mehr gilt als Sein, ständig an unserer Abstumpfung arbeitet.

Ein kleines, persönliches Beispiel: Vor kurzem habe ich online ein Interview gegeben; ich erging mich im Lob der Dichtung als höchster Ausdrucksform der Sprache, seit es den Menschen gibt. Die Reaktionen waren Spott, Vulgarität, Herablassung. Nach der Art: Ja, gut, wir haben's kapiert, Dichten ist ein netter Zeitvertreib. Aber du, für wen hältst du dich eigentlich?

Ich denke an ehemalige Schüler, die ich vergessen hatte: Marinella, mit rotem Haar und sommersprossigem Gesicht, lächelte von der hintersten Bank in der Zwergschule von Novazzano und ist früh gestorben; der freche Mirko, den ich vor kurzem in einer Bar traf, hat mir erzählt, er sei bei der Bank entlassen worden, weil er eine «überschüssige Arbeitskraft» sei; Emilio, dessen eines Auge größer war als das andere, endete in der Drogenszene, ritzte und schnitt sich selbst in die Arme und ist nun nicht mehr da.

Sie gehen mir durch den Sinn
die Verstorbenen – an Krankheit
erhängt an einem Balken, einem Eisenrohr;
ich weiß nicht, ist es gut oder schlecht,
Weisheit oder Melancholie. An einer Straßenecke
erscheint ein Verschwundener,
kommt ins Diesseits zurück, doch ich sage ihm nichts.
Was wirklich zählt, ist vielleicht
jeden Tag zu leben,
als sei das Los schon gezogen.
Ich bin zur Makulatur bestimmt, darum
freue ich mich am Licht.

Um die Bäume zu lieben, muss man sie kennen. Wie die Menschen. Heute ist es windig, und die Zweige der Esche bewegen sich wie Arme. In den letzten Tagen habe ich nun durch nähere Anschauung gelernt, dass die Hainbuche anders ist als die Hopfenbuche, die Mispelblüte anders als die Kirschblüte, Veronica anders als Vergissmeinnicht, die Weiße Lichtnelke anders als die Klatschnelke, und dass die Wilde Spargel die jungen Triebe des Wiesen-Ziegenbarts sind, der dann, wenn er groß ist, schöne weiße Büschel bildet.

Beim Zurückschneiden der Sträucher, die meinem Gefühl nach verjüngt werden mussten, habe ich entdeckt, dass Buchsbaumholz viel, viel härter ist als die Haselruten, aus denen man früher Körbe flocht. Auch etwas Einfaches, das alle wissen, habe ich durch die Betrachtung aus der Nähe erfahren: dass die Bäume und Sträucher nicht alle gleichzeitig blühen. Den Anfang macht der Gewürzstrauch, der blüht, wenn es noch kalt ist, dann kommt die Kornelkirsche mit ihrem Zitronengelb, dann der Weichselbaum, der Kirschbaum, der Mandelbaum, der Schneeball, der Spierstrauch ... Zuletzt kommen wir, denn uns fällt es schwerer zu blühen.

Ich träume von Bäumen, die Blätter ansetzen
jeden Tag neu wie ihr, Kinder
meiner Töchter: Milo, Cosma, Leone
Kinder der Morgenröte auf Katzenpfoten.

Weisheit ist eine heute verklungene Musik, deren Echo in glücklichen Momenten noch zu uns dringt: Plutarch, Seneca, Montaigne sind uns so fern! Gefangen in einem Unbehagen, das Egozentrik und Utilitarismus fördert, «Fachmenschen ohne Geist, Genussmenschen ohne Herz», verschwimmt der Horizont der moralischen Ideale vor unseren Augen. In einer desillusionierten Welt, in der sich jeder selbst genug ist, erscheint uns die Weisheit wie ein verlorenes Stückchen Glimmer in einem Steinhaufen. Wenn wir uns nicht in der Öde dieses Steinhaufens verirren wollen, können wir versuchen, den Schimmer des Glimmersteinchens wieder zum Leuchten zu bringen. Zum Beispiel, indem wir die anderen, die Gesellschaft, die Natur miteinbeziehen. Und auch, indem wir die Weisen wiederlesen: Goethes Gedichte in der Übersetzung von Giorgio Orelli, um Texte zu nennen, die mich in jüngster Zeit fasziniert haben. Doch jeder hat seinen eigenen Weg, der ihm erlauben könnte, das «stahlharte Gehäuse» der technologischen Gesellschaft zu verlassen.

Wieder einmal erhalte ich einen Brief aus Italien, in dem ich mit *Dottore* angesprochen werde. Von wegen Dottore, ich bin, was ich bin, ein Mensch ohne Etikett. Und ein paarmal ist es mir herausgerutscht zu antworten: «Nein, nein, Sie irren sich. Ich bin kein Doktor und auch kein Krankenpfleger.»

Der Titel hat keine Bedeutung. Es gibt Doktoren, die intelligent sind, und solche, die dumm sind. Ein Mensch ist wert, was er ist. Wenn er einen akademischen Titel hat, heißt das nicht unbedingt, dass er intelligent und sensibel ist. Und mein Fehler ist, dass ich noch an die Intelligenz des Menschen glaube, an seine Fähigkeit zu verstehen, zuzuhören, zu urteilen.

Die Einzelgänger laufen herum, als wären sie auf der Suche nach etwas, was ständig verschwindet. Ein wenig wie in dem Gedicht von Montale der Ball des Kindes, der zwischen den Häusern davonrollt.

Ich habe verstanden, was die Philosophen meinen, wenn sie von Wissensfreude sprechen: eine Glühbirne, die plötzlich im Kopf aufleuchtet. Der vage Schimmer eines Gedankens, der die Illusion weckt, man könne die unerreichbare Wahrheit erreichen.

Ich höre Schuberts *Der Tod und das Mädchen:* Woran liegt es, dass diese Musik mich im Innersten berührt, dass besonders das Scherzo mir ins Fleisch dringt wie ein Schwert? Diese Tonfolgen lösen Freude und Schmerz zugleich aus.

Hier über meinem Kopf, an der Scheibe des Küchenbuffets, stecken die Fotos von zweien meiner Enkel: Einer lächelt zahnlos, der andere bläst auf die lichte Kugel einer Pusteblume, damit er zusehen kann, wie die weißen Fallschirmchen durch die Luft wirbeln, davonfliegen wie Vorstadtengel.

Alles spricht zu mir: die steinerne Katze des Bildhauerfreundes, die ich zum Wächter des Studios erkoren habe, die Eidechse auf dem Mäuerchen, die erste aufgeblühte Pfingstrose. Alles. Nur der Lärm der Motorsäge nicht, der von draußen kommt und mich am Denken hindert. Nicht einmal die Katze kann ihn zum Verstummen bringen.

Giacomo Leopardi schreibt in einem berühmten Abschnitt des *Zibaldone,* dass ein Garten, und mag er noch so heiter sein, für die Pflanzen ein Ort ständigen Leidens ist: Die Rose dort wird von der Sonne geplagt, an der Lilie saugt eine Biene, ein Baum wird von einem Ameisenhaufen belagert, ein anderer ist an der Rinde oder den Wurzeln verletzt, an wieder einem anderen hat der Wind einen Ast abgebrochen; der einen Pflanze ist es zu heiß, der anderen zu kalt, zu feucht, zu trocken ... Kurz, der Garten gleicht einem Krankenhaus. Doch der barmherzige Gärtner pflegt die Leidenden, während das auf Krankenpfleger nicht immer zutrifft.

Lest diese Auszüge aus einem Brief, den ein alter Mann heimlich an seine Familienangehörigen geschickt hat, bevor er in einem Mailänder Altersheim gestorben ist:

«Wenn ich noch einmal zurückkönnte, würde ich meine Tochter anflehen, mich bis zu meinem letzten Atemzug bei euch zu Hause zu lassen, wenigstens hätte der Schmerz eurer Tränen mit meinen vereint mehr Sinn gehabt als die Tränen eines armen, hier drinnen anonymen alten Mannes, der isoliert und wie ein verrosteter und deshalb auch gefährlicher Gegenstand behandelt wird. Meiner Meinung nach dürfte es die Pflegeheime gar nicht geben, diese vergoldeten ‹Gefängnisse› (...)

Ich hätte mir auch nie vorstellen können, an so einem Ort zu enden. Scheinbar ist alles sauber und in Ordnung, es gibt auch ein paar höfliche Menschen, aber tatsächlich sind wir nur noch Nummern. Für mich war es, als käme ich schon in eine Kühlzelle. Im Lauf dieser Monate habe ich mich auch mehrmals gefragt: Warum haben sie sich diese Arbeit ausgesucht, wenn sie dann immer nur nervös, mürrisch und böse sind? Einmal hat der Reinigungsmann mir zugeflüstert: ‹Weißt du, warum die dich anschreit, wenn sie mit dir spricht? Weil sie immer erzählt, wie gewalttätig ihr Vater war; mit welchen Augen kann so eine denn einen Mann anschauen?› (...)

Dieses Coronavirus wird uns zugrunde richten, aber ich fühlte mich sowieso schon wie auf dem Schafott wegen des Geschreis und der Grobheit, die ich nun nur noch kurz werde ertragen müssen ... Vorgestern hat die Krankenschwester mir schon angekündigt, dass sie mich, falls es mir schlechter geht, vielleicht intubieren, vielleicht aber auch nicht. Meine Menschenwürde eines anständigen, stets freundlichen und höflichen Mannes ist schon getötet worden. Weißt du, Michelina, rasiert und frisch angezogen haben sie mich nur, wenn sie wussten, dass ihr zu Besuch kommt. Aber unternehmt nichts, ich bitte euch ... Ich suche keine irdische Gerechtigkeit, auch die war häufig so enttäuschend und unglücklich. Sagt aber meinen Enkeln (und den vielen Kindern, Nichten und Neffen), dass es außer dem Coronavirus noch etwas anderes, noch Schlimmeres gibt, das einen tötet: der völlige Mangel an Achtung vor dem anderen, die absolute Verantwortungslosigkeit. Und wir Alte, hier nur noch namenlose Nummern, wir werden, wenn wir nicht mehr da sind, von oben, vom Himmel aus am Gewissen derjenigen rütteln, die uns so misshandelt haben, damit sie aufwachen, einen neuen Kurs einschlagen, bevor ihnen das angetan wird, was man uns angetan hat.»

MAI

Ferruccio ruft mich an: «Könntest du etwas zum 1. Mai sagen?» Ich überlege, und mir fällt ein Gedicht ein, das ich 2000, also vor zwanzig Jahren, geschrieben und auf der Piazza del Sole in Bellinzona vorgelesen habe.

Ferruccio kommt und filmt mich, während ich dieses Gedicht aufsage, das mir immer noch aktuell zu sein scheint:

Erster Mai

Für die, die auf einer Bank sitzen
Weil sie nur ihre Einsamkeit besitzen

Für die, die wie Abfall weggefegt wurden
Weil die Technik an erster Stelle steht

Für die, die auch sonntags arbeiten
Damit der Aktionär fetter wird

Für die, die Überstunden machen müssen
Damit die Reichen noch reicher werden

Für die, die nicht einmal die Regelstunden machen
*   können*
Weil sie keine Arbeit haben

DER ERSTE MAI IST FÜR SIE

Für die Männer und Frauen, eingesperrt hinter einem
*   Drahtzaun*
Weil sie kein Zuhause mehr haben

Für die, die im Meer ertrinken
Weil sie im Elend schwimmen

Für die, die sich im Bauch eines Schiffs verstecken
Um ein Paradies zu erreichen, das es nicht gibt

Für den Arbeiter, den der Chef in Gallarate verbrannte
Weil er keinen Akkord mehr machen wollte

Für die vom Balkan, die wir ablehnen
Weil man ihnen nicht trauen kann

DER ERSTE MAI IST FÜR SIE

Für die, die nicht lesen und schreiben können
Weil es den Mächtigen so passt

Für die, die keine Blume mehr sehen
Weil es den Mächtigen so passt

Für alle Frauen, die unterbezahlt sind
Weil es den Mächtigen so passt

Für den Arbeiter, der machtlos wird
Weil es den Mächtigen so passt

Für den Arbeiter, der nicht mehr weiß, dass er ein
*   Arbeiter ist*
Weil es den Mächtigen so passt

DER ERSTE MAI IST FÜR SIE

Für die, die nicht mehr lieben können
Weil man ihnen die Zeit gestohlen hat

Für die, die die Farbe der Morgenröte vergessen haben
Weil man ihnen die Schönheit gestohlen hat

Für die, die nicht mehr in die Augen des Bruders
*   schauen können*
Weil man ihnen die Freude gestohlen hat

Für die, die sind wie ein Nest im Winter
Weil man ihnen den Gesang gestohlen hat

Für die, die sich gegen ihre Genossen wenden
Weil man ihnen den Anstand gestohlen hat

DER ERSTE MAI IST FÜR SIE

Für die Kinder, die sich an die Beine der Mutter
*   klammern*
auf Nahrung wartend, die es nicht gibt

Für die Kinder, die jeden Tag sterben
auf Medikamente wartend, die nicht kommen

Für die Kinder, die in Ziegeleien, Gerbereien, Seidenfabriken
arbeiten
auf eine Kindheit wartend, die schon gestorben ist

Für die Kinder, die Fußbälle herstellen
auf ein Spiel wartend, das nicht für sie ist

DER ERSTE MAI IST FÜR SIE

Für die Kinder, die sich mit der Machete verletzen
beim Zuckerrohrschneiden

Für die Kinder, die sich mit Pestiziden vergiften
beim Züchten von Blumen für unsere Wohnzimmer

Für die Kinder, die im Gleichschritt marschieren
ein Gewehr geschultert, das kein Spielzeug ist

Für die Kinder, die durch die Straßen ziehen
und im Abfall wühlen

DER ERSTE MAI IST FÜR SIE

Der erste Mai ist für sie
Damit sie auf die Lügen der Mächtigen spucken
Damit ihre Fröhlichkeit ist wie ein Bach im Sommer
und ihr Weinen ein Herbstblatt

Der erste Mai ist für die Entwurzelten
Damit sie ein Vaterland ohne Fahnen finden
Damit sie lachen können an einem Sonnentag
Damit sie eine rote Blume zum Himmel strecken

Der erste Mai ist für alle
Damit niemand den Kopf senken muss
vor denen, die nur Hochmut kennen
vor denen mit dem Schlangenhaupt

Damit alle die Freude wiederfinden
Damit alle Wasser, Brot und auch das Zubrot haben
Damit sie dem Gesang der Vögel lauschen können
und damit die Vögel nicht von der Erde fliehen

Damit die Urwälder nicht mehr vernichtet werden
Damit die Luft nicht mehr vergiftet wird
Damit die Erde nicht mehr verseucht wird
Damit die Verseucher in ihren Autos mit den dunklen
Scheiben aufgespürt werden

Der erste Mai ist für alle
Der erste Mai ist da, damit der Mensch kein Raubtier mehr ist
Damit man lacht an einem Sonnentag
Damit man eine rote Blume zum Himmel streckt.

«Wir sind die unsichtbaren Erntehelfer, die vergessenen Landarbeiter mit der Hacke», hat der Gewerkschafter Aboubakar Soumahoro zum Papst gesagt, «es gibt keine Würde für diejenigen, die von Sonnenaufgang bis Sonnenuntergang für 3,50 Euro pro Stunde arbeiten und sich nicht beim Einwohnermeldeamt registrieren lassen können und deshalb keine medizinische Grundversorgung bekommen, während die Giganten der Lebensmittelindustrie 83 Milliarden Jahresumsatz machen.»

Heute Abend sind die ersten Mehlschwalben angekommen. Vom Balkon aus sehe ich sie vorbeischießen auf ihren Streifzügen, mit hemmungsloser Fröhlichkeit malen sie Kreise in die Luft, die sich entfärbt. Der Kuckuck gibt unterdessen hinten im Wald den Grundton an, während auf den Straßen alles schweigt und die Menschen ins Haus vor den Fernseher verbannt sind.

Das Virus hat auch die Glocken infiziert, die heute Morgen, Sonntag, 3. Mai, abgehackt klingen, ächzen, krächzen, stolpern und stottern, noch mehr in den Ohren wehtun als gewöhnlich. Gottvater hat Husten, er sitzt hoch oben in den Wolken und lässt zu, dass die Menschen krepieren ohne jemanden neben sich, der sie tröstet, dass sie in Massengräber geworfen werden. Doch im vorigen Jahrhundert hat er noch viel Schlimmeres angerichtet. Er hat zugelassen, dass die Menschen leiden unter Stürmen, Pandemien, Erdbeben. Er sitzt gleichmütig dort oben.

Wir haben drei Katzen: eine schwarz, die andere weißgrau; die dritte, die schönste, ist ganz weiß und setzt sich im Gemüsegarten neben den Borretsch, regungslos, unergründlich wie eine Sphinx.
Ich weiß nicht, woher sie stammen, denn sie sind nicht wirklich unsere. Privatbesitz ist ihnen verhasst, sie sind Anarchisten. Sie schleichen sich heimlich in den Garten ein, wie das Virus sich in unser Leben eingeschlichen hat. Und wir sympathisieren mit ihnen und halten Abstand.

Apropos Katzen: Auf meinem iPhone habe ich gesehen, wie eine Kätzin ihrem Jungen hilft, das es nicht schafft, zu ihr auf das Mäuerchen zu gelangen. Sie springt hinunter, packt es im Genick und bringt es in Sicherheit, indem sie mit ihm im Maul wieder hinaufspringt, ein Liebesbeweis, der unter Menschen eher selten zu finden ist; in diesen außerordentlichen Tagen etwas häufiger, denn es gibt Pfleger, die sich mit großer Menschlichkeit ihrer Arbeit widmen.

Zu normalen Zeiten jedoch ist das nicht immer so. Ich erinnere mich an einen Pfleger, einen Tessiner, in einer hiesigen Klinik, wo ich vor einigen Jahren wegen einer Operation lag, der gar nicht nett war. Und ich erinnere mich auch an einen Röntgenassistenten im Krankenhaus von Mendrisio, der meine neunzigjährige Mutter rüde behandelte, sie unverschämt im Dialekt anredete, sie duzte und sie behandelte, als wäre sie schwachsinnig.

Wörter, stachlig wie Dornengesträuch, zart wie junge Triebe, musikalisch wie ein Schilfhain, durch den der Wind streicht: Aus solchen Wörtern entsteht Dichtung, wenn sie entsteht.

Mehrere Pflegerinnen eines Altersheims in Chiasso, wo ich vor einigen Jahren meiner sterbenden Mutter die Hand hielt, haben einen Protestbrief an den Direktor geschrieben. Ich weiß nicht, was drinsteht, welche Missstände sie anprangern. Ich weiß nicht, ob sie recht haben oder nicht, diese Pflegerinnen, die sicherlich ihre Pflicht tun. Aber die Gebrechlichen, Verletzlichen, Einsamen zu vernachlässigen, ist das Schlimmste auf der Welt, das weiß ich.

Schatten, gebracht von Schatten
die vorüberziehen, Zuflucht
zugewachsen mit Laubwerk

Zerbrechlicher Schatten dessen, der
am Rand des Abgrunds balanciert

Schatten, getragen von den Dingen
wie ein doppeltes Schweigen

Schatten, der sich ausdehnt bis in die andere Welt
wo wir nichts sein werden als Schatten

Wir müssen lernen, mit dem Tod zu leben. «Wenn du das Leben aushalten willst, richte dich auf den Tod ein», sagt Freud in einem berühmten Text. Das bedeutet nicht, nur noch zu trauern, sondern sich klar zu werden, dass das Blatt im Herbst vom Baum fällt.

«Ich weiß, dass ich sterben werde, aber ich glaube es nicht», sagt Jacques Madaule in *Considération de la mort*. Der Tod ist jeden Tag hinter uns her wie ein unsichtbarer Vogel, wir aber tun so, als sei nichts, es betrifft immer die anderen; das wissen auch die Freunde des Richters Iwan Iljitsch in Tolstois berühmter Erzählung, die ihren im Sarg aufgebahrten Kollegen aufsuchen: «Er ist tot und ich nicht», dachte oder fühlte jeder von ihnen.

Oder ist es vielleicht besser zu denken, der Tod ist nichts, denn wenn er hier ist, bin ich nicht mehr da, und wenn ich da bin, ist er nicht hier, wie Epikur lehrt?

Eine Heuschrecke. Sie sitzt regungslos auf dem Zweig der Begonie, der sich um das eiserne Geländer wickelt. Wachsam, vielleicht wittert sie Gefahr. Vier oder fünf Zentimeter lang, bräunlich mit schwarzen Punkten, gegliederten Beinchen, Zelluloidflügeln, zwei beweglichen Antennen, gepanzertem Kopf, bewegt sie sich vorsichtig mit häufigen Pausen vorwärts. Dann fliegt sie plötzlich davon.

Wir müssen gegen die Versuchung ankämpfen, die Hoffnung zu verlieren. Die weltweiten Ereignisse könnten bewirken, dass der dunkle Teil in uns überwiegt. Doch es wäre ein Fehler, sich im Sog des Unbewussten zu verlieren, wo die negativen Kräfte dominieren; Verantwortungsgefühl und Solidarität müssen über die destruktiven Tendenzen siegen. Insbesondere: Vertrauen wir auf die Schöpfungen der Kunst, um lebenswichtige und belebende Empfindungen zu teilen.

Die Bedeutung des Augenblicks, des Details: die in einer Ecke lauernde Spinne, der Riss in der Mauer, der Vogel, der eine Feder verliert. Lassen wir die Metaphysik sein, bitte, und betrachten wir die winzigen Dinge des Alltags. Befragen wir sie.

Die Fremdenfeindlichkeit nimmt mit dem Virus zu. Das Schließen der Grenzen bewirkt eine Verschärfung des Nationalismus. Man misstraut dem Nachbarn, um wie viel mehr dem, der von außen kommt.

Der einfache Soldat Max Frisch notiert in den *Blättern aus dem Brotsack*, die Veränderung komme immer von dort, wo man es sich am wenigsten erwarte. Das schreibt er am Vorabend der Einberufung während des letzten Kriegs. Es ist immer das Grauen, das uns voranbringt.

Also ein bisschen so wie heute. Der Krieg, ein Blutbad zwischen zwei Völkern, die sich hassen oder, besser gesagt, die von ihren Regierungen aufgehetzt werden, einander zu hassen. Die Epidemie wird von einem unbekannten Feind ausgelöst, den wir Menschen geschaffen haben. Wir sind schuld.

In diesen Tagen habe ich ungeschickter Mensch gelernt, mich als Gärtner zu betätigen, Büsche und Bäume nicht mehr nur kontemplativ zu betrachten wie zuvor, sondern auch operativ. Eines habe ich verstanden: Wenn ich einen Busch ausdünne, lasse ich ihn atmen, wenn ich ihn sich selbst überlasse, schade ich ihm. Und ich habe auch gelernt, dass man Vernunft und gesunden Menschenverstand walten lassen muss, um nichts verkehrt zu machen. Es ist nie zu spät. So gelingt es mir, ein paar schlimm zugerichtete Äste an dem uralten Buchsbaum abzuschneiden, der vom Zünsler befallen ist; ich entscheide mich, das Efeu dort zu beseitigen, wo es am aggressivsten ist. Ein verwilderter Garten ist ja schön, aber es soll kein Wald daraus werden. Man braucht Maß, wie in allen Dingen.

Man kann auch von den Pflanzen lernen. Oder vielleicht nur von den Pflanzen? Unsere Lehrer seien die Hainbuche, die Rotbuche, die Heckenrose.

Noch nie habe ich mit so viel Vergnügen einen blühenden Weichselbaum gesehen: Die Klausur führt dazu, dass man die Schöpfung mit mehr Freude betrachtet. In diesen Tagen ist der Kirschbaum explodiert, so leuchtend, dass es in den Augen schmerzt. Die Wespe besucht ihn summend und tanzt um seine weißen Blütenkronen.

Die außerordentliche Lage zwingt uns, den Dingen tiefer auf den Grund zu gehen. Zu normalen Zeiten haben wir Angst, vielleicht weil man, wenn man mit dem Blick in einen Wasserspiegel eintaucht, den Grund nicht sehen kann. Wir haben Angst und halten an der Oberfläche inne.

Eine schwarzweiße Elster erscheint
auf dem Kirschbaum, sie kommt aus dem Wald,
den der Wind erschüttert, und schreit
«Was ist, was ist?»

Ich träume sehr viel. Vielleicht weil das psychische Leben in der Abgeschiedenheit intensiver wird. Auch der Wissensdurst wächst, als gelte es, keine Zeit zu verlieren. Unter diesen Umständen geben wir unser Bestes. Die Welt wird menschlicher, oder machen wir uns etwas vor?

Verkehr und Umweltverschmutzung nehmen ab, man konsumiert weniger, man denkt mehr. Gehen wir einer möglichen Erneuerung unserer Art, in der Gesellschaft zu leben, entgegen, so ähnlich wie es im vorigen Jahrhundert nach den Diktaturen und den Massakern geschehen ist? In den Fünfzigerjahren atmete man in Europa saubere Luft, man hoffte sogar, der nicht entfremdete Mensch könne geboren werden, wie von Marx theoretisch beschrieben.

Aber nichts. Nach Kriegsende ist nichts passiert. Im Gegenteil, die Lage hat sich verschlechtert, und das Europa, von dem alle träumten, hat sich als starres Gebilde erwiesen. Die menschliche Natur hat sich erneut als das erwiesen, was sie ist.

Wir lernen von den Menschen, die wir lieben, aber auch von denen, die uns hassen, wenn wir die Kraft haben, sie mitfühlend zu betrachten, wenn wir die Weisheit besitzen zu begreifen, dass der Hass eine traurige Leidenschaft ist, wie Spinoza sagt. Die Liebe ist allerdings kein konstantes Gefühl. Im Gegenteil, sie wird von Blitzen und Stürmen gebeutelt und ist häufig Spreu, die der Wind hergetragen hat. Doch ist das Unwetter vorbei, meldet sie sich wieder zu Wort, wenn es Liebe ist. Denn wir sind auf der Welt, um uns zu lieben; und ein bisschen auch, um zu verstehen, warum wir auf der Welt sind.

Heute ist mir, als lebte ich in einem impressionistischen Gemälde, Monet oder Pissarro. Unter der Hainbuche sehe ich mich um, da ist das gleiche Grün, das gleiche Glück, das man in diesen Bildern atmet. Es ist wie ein Sprung zurück in der Zeit, so herrlich ist dieser Mai. Und ich sage mir: Beeile dich, bald wird der Kuckuck nicht mehr rufen, das Dröhnen des Laubbläsers wird mich wieder überfallen wie ein tieffliegendes Flugzeug, der Lahme wird wieder hinken.

Nur die Literatur kann uns retten: aus uns selbst heraustreten, die Lust am Anderssein kosten, an den anderen Leben, die wir brauchen. Durch Lesen unser Ich bereichern, die tragische Freude des Partisanen Johnny fühlen, der durch den Morast galoppiert, die Naivität der Signorina Felicita mit den blauen Augen, die Einsamkeit der alten

Zelinda, die in einem Provinznest in der Emilia die Kühe hütet. Nur die Fantasie kann uns retten.

Am schlimmsten ist der Gedanke, dass uns ein Kind infizieren könnte. Zwischen den Erwachsenen herrscht Feindseligkeit, retten wir doch wenigstens die Kinder vor der Gemeinheit. Kinder sind erfrischend, erfinderisch, spontan. Ein Hoch auf die Kinder also! Und sollen sie uns ruhig anstecken mit ihrer Frische.

Freitag, Samstag und Sonntag werden wir mit zwei von unseren Enkeln verbringen, was immer die Behörden dazu sagen mögen.

Ich lebe in finsteren Zeiten, sagte Bertolt Brecht. Das könnten wir wohl auch sagen. Finstere Zeiten, weil wir vor uns kein Licht leuchten sehen. Ab und zu sehen wir es, doch dann wird es sofort vom Zweifel verborgen: Und wenn die Epidemie erneut ausbräche? Und wenn diese Person sich als ansteckend entpuppte?

Natürlich meinte der deutsche Dichter mit Finsternis etwas anderes; doch unsere Art zu fühlen ist der seinen ähnlich.

Die Dolden der lila Glyzinie
lassen sich vom Schatten durchdringen,
der auf den Balkon fällt.
Und ich sehne mich
nach dem weißen April, als ich mich ausstreckte
unter der Eiche der Liebenden
und mit dem Fahrrad davoneilte
und der Wind über die Straßen fegte.

Ramuz, schreibt Max Frisch im *Tagebuch 1946–1949*, musste beim Schriftstellerverband einen Zuschuss von 2000 Franken beantragen, um eine Operation bezahlen zu können. Und, fügt Frisch hinzu, die Lage des Schriftstellers in der Schweiz ist miserabel, verglichen mit dem durchschnittlichen Lebensstandard in unserem Land.

Und heute? Der neue Verband der Autorinnen und Autoren der Schweiz findet kein oder nur selten Gehör, wenn er Forderungen für seine Mitglieder stellt. Und in der Vergangenheit hat der Schweizerische Schriftstellerverein Feigheit, ablehnenden Korpsgeist und engstirnigen Nationalismus gegenüber Robert Musil bewiesen, dem in Genf die Arbeitserlaubnis verweigert wurde.

Bei uns in Carona dagegen konnte der für seine *Rote Zora* weltberühmte Schriftsteller Kurt Kläber als politischer Flüchtling nicht unter seinem eigenen Namen publizieren, und deshalb musste sein Roman *Die schwarzen Brüder* über die Kaminkehrer aus dem Verzascatal unter dem Namen seiner Frau erscheinen. Brecht, der einige Tage in Carona bei Kläber zu Gast war, bemerkte dazu: «Die Schweiz ist ein Land, das berühmt dafür ist, dass sie dort frei sein können. Sie müssen aber Tourist sein.»

Noch einmal Max Frisch. Er sagt: Nichts ist provinzieller als die Angst, Provinz zu sein. Auch ich denke das. Die ganze Welt ist Provinz, und der Schriftsteller nährt sich von dem Land, in dem er lebt. Die einzige Gefahr ist die, die Dylan Thomas aufgezeigt hat: Riesen im Schatten des Kirchturms und Zwerge an der Sonne der Welt zu sein.

Wir Leute von der Grenze sind der Markstein zwischen zwei Welten, der vertrauenerweckenden der Schweiz und der beunruhigenden Italiens. Immer gratulieren wir uns zu ersterer, häufig beklagen wir uns über zweitere. Doch wir merken nicht, dass die zwei Welten zwar aneinandergrenzen, aber verschieden sind und mit verschiedenen Augen betrachtet werden müssen. Wir standen immer außerhalb der Geschichte. Zweideutig neutrale, privilegierte Zuschauer. Die Italiener wurden immer von den Übeln der Geschichte überrannt; im 20. Jahrhundert von Diktatur und Krieg.

Mit dieser doppelten, schweizerisch-italienischen Seele müssten wir Tessiner eigentlich in der Lage sein, die menschliche Seele und die unbarmherzigen, gesellschaftlichen Mechanismen besser zu verstehen. Aber verstehen wir sie wirklich?

Im Dorf erzählte man mir von einem Jungen, der im letzten Krieg ins Gebirge flüchtete, um sich den Partisanen anzuschließen. Aus Abenteuerlust, um aus dem zu bequemen Leben auszubrechen. Die Geschichte einer gespaltenen Seele, die niemand erzählen wird.

Vor meinem Studio ist eine rote Pfingstrose erblüht. Nichts Besonderes, auch voriges Jahr hat sie geblüht. Und doch ist es dieses Jahr anders. Ich sage nicht, diese Pfingstrose sei schöner als die vor einem Jahr, ich sage nur, dass sie überrascht. Wie das Leben immer überrascht, wenn man es nicht für selbstverständlich hält.

Krankheit und Einsamkeit stärken die Fähigkeit, angesichts von Dingen zu staunen, die banal wirken könnten: die erste Smaragdeidechse, die erste Verliebtheit, die erste Stille.

Ich betrachte diese Orte,
die leben wie wir.
Hier gab es Obdachlose, Vagabunden,
dunkle Küchen, junge Frauen
versteckt in den Dörfern, Weiden
wo der Auerhahn rief, Blumen,
die sich in Träumen öffneten,
kleine Mädchen, die mit Pflanzen sprachen.
Jetzt verlassene Weiler, Eschen
in den Ritzen, Gestrüpp.

Eine meiner Töchter schickt mir Verse aus Victor Hugos *Contemplations*:

Im zarten Alter hatte sie die Gewohnheit,
morgens in mein Studio zu kommen,
ich wartete auf sie wie auf einen erhofften
Sonnenstrahl. Sie trat ein und sagte: Guten Morgen,
kleiner Vater. Sie nahm die Feder,
öffnete meine Bücher, setzte sich aufs Bett,
dann plötzlich verschwand sie, wie ein Zugvogel.

Hugos Verse sind seiner Tochter Léopoldine gewidmet, die neunzehnjährig zusammen mit ihrem Mann in der Seine ertrank, als am 4. September 1843 ihr Boot kenterte. Während ich sie lese, denke ich an meine Tochter, die zum Glück quicklebendig ist. Als kleines Mädchen kam sie mich in meinem Studio in Coldrerio besuchen, malte auf meine Papiere und blätterte in meinen Büchern. Dichter regen die Erinnerung an.

Von den literarischen Tagebüchern des 20. Jahrhunderts haben mich, neben denen von Franz Kafka und Julien Green, *Das Handwerk des Lebens* von Cesare Pavese, die Tagebücher in Versen von Eugenio Montale, das *Journal* in zwei Bänden von Gustave Roud (von dem ich ein Werk übersetzt habe), die *Tagebücher 1887–1910* von Jules Renard und das *Tagebuch eines Diebes* von Jean Genet besonders beeindruckt.

Von Renard gefällt mir diese Beobachtung vom 23. November 1888:

«Der Dichter darf nicht nur träumen: Er muss beobachten. Ich bin überzeugt, dass sich die Dichtung auf diesem Weg erneuern muss. Wer glaubt denn, dass die alte Mythologie uns noch tyrannisieren kann? Wozu singen, dass der Baum von einem Faun bewohnt ist? Der Baum bewohnt sich selbst. Der Baum lebt. Daran muss man glauben. Die Pflanze hat eine Seele.»

Von dem «verfluchten» Genet kann ich nur vermerken, was er unter Tagebuch versteht:

«Es ist keine Suche nach der verlorenen Zeit, sondern ein Kunstwerk, für das mein früheres Leben den Stoff liefert. Es wird eine mithilfe der Vergangenheit fixierte Gegenwart sein und nicht umgekehrt.»

Für mich ist mein Tagebuch einfach die Gegenwart von vier besonderen Monaten, die mithilfe von lebendigen Beobachtungen, Begegnungen, Lektüren, Überlegungen und Erinnerungen festgehalten wird.

Heute Morgen sehe ich eine pechschwarze Amsel fröhlich aus dem Dickicht eines Gebüschs auftauchen, und das genügt, um mich glücklich zu machen. Doch dann rollt Montales Ball plötzlich noch einmal davon: Ich lese, dass in dem wie immer rauflustigen italienischen Parlament ein Abgeordneter, der an der Università Cattolica studiert hat, die Partisanen als «rote Zecken» bezeichnet; damit rehabilitiert er die Folterknechte der faschistischen Republik von Salò und deren Nazi-Freunde – diejenigen, die auf in die Luft geschleuderte Kinder schossen wie auf Tontauben.

Wer sagt, dass es den Faschismus in Italien nicht gibt? Der Faschismus ist nie ausgestorben.

Im Jahre 1571 veröffentlicht Montaigne die Abhandlung *Von der freiwilligen Knechtschaft* seines Freundes Étienne de la Boétie. Für Montaigne nährt sich die Freundschaft von einer ungetrübten und selbstlosen Gemeinschaft, wie es sie zwischen Vätern und Söhnen und auch zwischen Mann und Frau nicht geben kann: Um wahrhaft Freunde zu sein, muss man die Freiheit haben, einander gegenseitig zu ermahnen und zu korrigieren. Freundschaft, nicht die aus Geschwätz bestehende, adelt die Seele.

«Die Seelen verfeinern sich in ihrer Ausübung», sagt Montaigne. Diese Wahrheit zeigt sich in diesen Tagen deutlicher. Unsere Seelen verfeinern sich, weil sie gezwungen sind, das Überflüssige außer Acht zu lassen, die Zuneigungen zu überprüfen, den Baum der Wünsche zu beschneiden. Und so fällt es zwischen Eheleuten leichter, Liebe und Freundschaft zu verbinden; aber auch, sich gegenseitig zu verletzen und ins Leere zu stürzen.

Was meint man, wenn man sagt, dass nichts mehr so sein wird wie vorher? Meiner Ansicht nach wird, sobald das Virus sich entscheidet zu verschwinden, alles genauso sein wie vorher, wenn nicht noch schlimmer, denn wir werden ärmer sein und uns wieder verhalten, als seien wir bewaffnete Räuber im Wald, die die Schwächeren ausrauben.

Kurz, der Homo sapiens wird bald wieder die Krallen zeigen, wenn es uns nicht gelingt, ihn durch Solidarität so weit zu bringen, sie wieder einzuziehen.

Lieber Claudio,
heute Abend, nachdem du gegangen bist, habe ich begonnen, dir zu schreiben, weil ich dir gern zwei oder drei Dinge mitteilen möchte, die ich über dich und unsere junge Freundschaft denke. Es war ein schöner Nachmittag heute, mit der Sonne, die die Blätter des Kirschbaums und die Augen deiner Lebensgefährtin glänzen ließ, mit deinen selbstgemachten Tortelli und Raffaellas Holundersirup.

Du hast uns im Dialekt etwas von der Armut deiner Kindheit erzählt und von der Krankheit, die dich dann getroffen hat. Besonders hat mir gefallen, was du über deine Jahre im Seminar gesagt hast, als dir klar wurde, dass die institutionalisierte Religion alles andere ist als Liebe. Aber du hast es nicht in polemischem Ton gesagt, sondern lachend mit deinen blauen Augen, die wer weiß wie viele Frauen bezaubert haben ... Und du hast erzählt, wie du als Junge losgingst *a baciocà,* das heißt, die Glocken läuten, und mit Fäusten auf die Tasten hämmertest: auf eine bestimmte Weise beim Tod eines Mannes, eine andere beim Tod einer Frau und noch eine andere beim Tod eines Kindes. Heute fallen einem diese Glocken hier lästig mit ihrem elektrischen Nimbus und verleiten einen zum Fluchen, wenn sie bei manchen Festen zu lange läuten. Als ich die Geschichte mit den Glocken aber aus deinem Mund hörte, bekam ich ein wenig Sehnsucht nach der Dorfkindheit, die ich nicht erlebt habe. Danach hast du noch hinzugefügt, dass sie jetzt alles weggeworfen haben in deinem Dorf, das Holzgerüst, die Tastatur, alles, um jede Spur der Vergangenheit auszulöschen. Und mir kam Simone Weil in den Sinn, die sagt, der Verlust der Vergangenheit, kollektiv oder individuell, sei die große menschliche Tragödie, und wir haben unsere Vergangenheit weggeworfen, wie ein Junge eine Rose abreißt.

Mir gefällt deine Spontaneität beim Sprechen; und ich habe dabei bestimmte Redewendungen herausgehört, zum Beispiel *lungh comé la fam di povri* – so lang wie der Hunger der Armen –, die an unsere besten Schriftsteller erinnern. Dann sind wir nach oben gegangen, ich habe dich zu dem Türschloss geführt, das nicht mehr funktioniert. Du hast es abgeschraubt, hast mir den Mechanismus mit der zerbrochenen Feder gezeigt, *Falle* und *Riegel*, ich wusste gar nicht, was das ist. Der Mechanismus eines alten Türschlosses ist etwas Herrliches, besser als eine nutzlose Maschinerie von Tinguely! Du hast versprochen, dass du es mir reparierst.

Lieber Claudio, es war wirklich ein schöner Nachmittag heute, ich musste an Montaigne denken und an sein Lob der Freundschaft. Denn was ist Freundschaft, wenn nicht eine Gemeinsamkeit herstellen, sich miteinander wohlfühlen, voneinander lernen?

Erlebe ich mit dem Coronavirus eine neue Adoleszenz? Gestern Claudio, ein Mann mit Herz und Verstand. Vor einigen Tagen Gilbert, der pensionierte Gewerkschaftsfreund. Er lebt in Goux-les-Usiers, einem Dörfchen in der Franche-Compté, in einem abgelegenen kleinen Haus, wo sich Fuchs und Hase Gute Nacht sagen, in Gesellschaft von drei Hunden von der Sorte, die Schafe hütet; einer ist blind und sollte deshalb eingeschläfert werden. Mein Freund Gilbert hat ihn gerettet und geht jeden Tag mit ihm laufen, denn auch ein blinder Hund hat ein Recht auf Glück. Soeben bekomme ich eine Mail von ihm. Er schreibt, dass ihn die Vögel geweckt haben und dass er seit vierzig Tagen völlig isoliert ist, sich aber gut fühlt: «Wenn es nicht so viel Leid und so viele Tote gäbe, wäre diese Zeit, glaube ich, ein Segen.»

Ich habe Geduld gelernt. Eine Pflanze ist geduldig. Sie keimt, setzt in Ruhe Knospen, Blätter und Blüten an. Das Gegenteil von uns, die wir alles sofort wollen. Um eine Seite zu schreiben, braucht man Geduld. Auch um einen Menschen zu lieben. Das Feuer der Erotik genügt nicht, auch wenn es unerlässlich und heilig ist. Gefühl ist etwas, was dauert, wie der Lebenssaft in der Pflanze.

Was tun mit der Zeit? Das ist ein Problem, das sich im Lockdown zuspitzt.

Wie soll es gelingen, als Gefangene in der Familie zusammenzuleben? In solchen Augenblicken misst man seine Kraft, nicht im Fitnessstudio; sie zeigt sich darin, wie man mit den Kindern umgeht, mit der – oder dem – Geliebten, mit sich selbst. Hier erkennt man auch das Wesen der Menschen, und der Populismus offenbart seine Todsünden, wenn er Abschottung und Egoismus predigt.

Wir sind Muscheln geworden, in uns selbst zurückgezogen: Ja, doch hält man eine Muschel ans Ohr, hört man das Meer rauschen.

Ich habe die Prinzessin auf der Kantonsstraße spazieren gehen sehen. Aufrecht geht sie ganz am Rand, am Steilhang entlang. Sie hat wirklich ein königliches Gesicht, schwarze Augen im braunen Oval. Ob sie tatsächlich eine ins Tal eingewanderte, indische Prinzessin ist? Nichts beunruhigt sie, weder die Pandemie noch die Blicke der Männer.

Aus den *Gesprächen mit Goethe* von Eckermann gebe ich hier zwei Stellen wieder, die ich mir am Rand angekreuzt hatte:

«Alle meine Gedichte sind Gelegenheitsgedichte, sie sind durch die Wirklichkeit angeregt und haben darin Grund und Boden. Von Gedichten, aus der Luft gegriffen, halte ich nichts. Man sage nicht, dass es der Wirklichkeit an poetischem Interesse fehle, denn eben darin bewährt sich ja der Dichter, dass er geistreich genug sei, einem gewöhnlichen Gegenstande eine interessante Seite abzugewinnen. Die Wirklichkeit soll die Motive hergeben, die auszusprechenden Punkte, den eigentlichen Kern; aber ein schönes belebtes Ganzes daraus zu bilden, ist Sache des Dichters.»

«Es gibt nichts Dümmeres, als einem Dichter zu sagen: Dies hättest du müssen so machen und dieses so! Ich spreche als alter Kenner. Man wird aus einem Dichter nie etwas anders machen, als was die Natur in ihn gelegt hat. Wollt ihr ihn zwingen, ein anderer zu werden, so werdet ihr ihn vernichten.»

Heute Morgen habe ich mich zum ersten Mal mit Maske in der Tasche hinausgewagt. Bei einem Bummel durch Chiasso habe ich einige Orte meiner Kindheit wiederentdeckt: die Bank am Viale Stoppa, auf die sich meine Mutter in ihren letzten Jahren immer setzte; die Ecke mit den Azaleen und den Rhododendren; die Straße mit dem Schild: «Spielen verboten», das mich seit jeher beeindruckt hat, ein Ort, wo die Großen damit beschäftigt sind, *a fa sü danée* – ihr Geld zu machen – und nicht gestört werden wollen, nicht einmal von einem Buben, der Murmeln spielt, und auch nicht von einem kleinen Mädchen, das auf einem Bein hüpft!

Dann habe ich mir ungeschickt die Maske aufgesetzt und bin zum Friseur gegangen, einem ehemaligen Schüler von mir. Trotz des störenden Maulkorbs haben wir uns ein bisschen unterhalten, und ich habe erfahren, dass seine beinahe hundertjährige Mutter im Altersheim am Coronavirus gestorben ist. Im Februar hat er sie in diesem Gefängnis zum letzten Mal gesehen, dann war Schluss; er konnte sich nicht mehr von ihr verabschieden, sie nicht einmal beim Sterben begleiten.

Am Ende der Sitzung hatte ich meine schöne Mähne eingebüßt. Leichtfüßig ging ich davon und schaute auch nicht mehr in den Anlagen vorbei, wo die Azaleen blühen.

Ich lese, dass Neophyten invasiv sind, ein Unkraut. Das wusste ich schon, jeder weiß es. Überraschend ist aber, dass in der Wochenzeitschrift, in der ich den Artikel gelesen habe, ausgerechnet die Buddleja abgebildet ist, die Schmetterlingspflanze, die für mich den Frühling ankündigt: die tapfere Buddleja, die Nichtsesshafte, die die Ordnungskräfte herausfordert, die Staatenlose, die ich im Niemandsland zwischen Italien und der Schweiz habe wachsen sehen. Eine wilde Vagabundin, die sich über Grenzen hinwegsetzt: eine meiner Lieblingspflanzen. Nach Meinung mancher Experten gehört sie ausgerottet.

Wie soll man das jetzt deuten? Vielleicht so: Die Schmetterlingspflanze ist wie die Dichtung. Die Dichtung ist ein klandestines Geschöpf. Etwas, was Krämerseelen, Befehlshaber und Gefühllose stört, weil sie in kein Schema passt und Schaden anrichtet. Sie macht nur Ärger. Besser, sie mit der Wurzel auszureißen.

Dichter aller Länder, vereinigt euch!

Ich bekomme einen Anruf von der Tochter eines kürzlich verstorbenen Freundes. Er hieß Franco. Eine diese Altersfreundschaften, die einen die Adoleszenz wiederentdecken lassen.

Ich sehe ihn noch vor mir, in Biasca, während wir zwischen den Bäumen eines Forstguts spazieren gehen. Wir sprechen über Bäume und Blumen. Der Scharfsinn verlässt ihn nicht, die Lust am Wortspiel, die Freude, im Grünen zu wandern; doch mir scheint, dass sich hinter seinem Blick ein Schatten der Melancholie verbirgt.

Jetzt liegt hier auf meinem Schreibtisch eine CD, die er mit seinen Jazzfreunden aufgenommen hat. Ich höre die Dixieland-Stücke, erkenne die Stimme seiner Trompete und nehme auch in ihr den Schatten wahr, den ich in seinen Augen gesehen hatte. Franco gehörte zu der Generation, die im Jazz die Musik der Entrechteten sah. Ich fühlte mich ihm nahe, wir verstanden uns. In diesen Trompetensoli oder in einem Blues spüre ich nun die ernste Fröhlichkeit seiner Entscheidung für diese Musik, die früher von der amerikanischen Mittelschicht verachtet wurde wie die Taschenbuchromane oder der Kaugummi, Zeug für die niederen Klassen.

Für mich ist das beste Tessin das von Franco und seinem Bruder, den ich nie kennengelernt habe, doch ich weiß, dass er hier einer der antifaschistischen Protagonisten war. Das Tessin derjenigen, die es verstanden, mit den Einwanderern solidarisch zu sein, auf ländlichen Festen Spaß zu haben und die Hochmütigen zu verhöhnen. Und meine Hoffnung ist, dass der reine Klang dieses Horns nicht aufhört, in jedem von uns widerzuhallen.

Heute ist Claudio noch einmal gekommen. Er hat aus Paradiso angerufen, dass er auf der Autobahn im Stau steht.

Nun ist er da, hat einen sehr professionellen Werkzeugkasten dabei, dazu noch einen Eimer mit Maurerkelle und allem Material für die Reparaturen. Darin ist das Türschloss, fertig zum Einbau. Er hat es mir besser repariert als jeder Schlosser; gefeilt, geschweißt, Teile ausgetauscht, denn es ist ein Museumsstück, mindestens hundertzwanzig Jahre alt. Auf einem Blatt hat er alle Teile des Mechanismus aufgezeichnet: *Falle, Riegel, Schließkolben, Zuhaltefeder, Schlüsselhaus, Drückernuss, Rosette ...*

Danach hat er noch die lockere Bodenfliese im Obergeschoß repariert. Wir haben nachgeschaut: Auf der Rückseite steht der Name der Ziegelei und der Herkunftsort. Und man sieht die Abdrücke der Finger, die das Stück hergestellt haben. «Eine Reliquie», sagt Claudio.

Während er mit Mörtel und Kelle hantiert, erklärt er

mir, wie man früher den Kalk anrührte. Wir halten den Sicherheitsabstand ein, doch er sagt, was mehr zähle, sei der Abstand des Herzens, den es aber nie geben dürfte.

Er erzählt mir ein bisschen aus seinem Leben: Er ist Architekt, hat den Beruf aber an den Nagel gehängt, weil er keine Lust hatte, für die Reichen zu arbeiten und mit einer Welt zu tun zu haben, wo Schwarzgeld gewaschen wird. Er benutzt dafür ein schönes, dialektales Wort, das nicht mehr in Gebrauch ist: *resentà*.

Die Amerikaner lieben ihre Waffen so sehr, dass in Michigan ein bis an die Zähne bewaffneter Mann beim Friseur erschienen ist, um ihn zu zwingen, seinen wegen Infektionsgefahr geschlossenen Laden zu öffnen; diese Cowboys würden sogar auf das Virus schießen, um dann, selbstverständlich bewaffnet, zur Arbeit zurückzukehren!

In Texas dagegen wurden Fahnen von konföderierten Sklaverei-Anhängern und solche mit Nazi-Symbolen gesichtet; und in Chicago hielt jemand sogar ein Schild mit der Aufschrift «Arbeit macht frei» hoch, um den jüdischen demokratischen Gouverneur zu verunglimpfen. Doch auch wir können uns im Rahmen unserer beschränkten Möglichkeiten nicht beklagen: In unserer «Sonnenstube» wollte vor einiger Zeit ein Abgeordneter der Rechten oberhalb von Ponte Chiasso die Kinder den Gebrauch von Waffen lehren, zur nationalen Sicherheit.

Wirrer
als die menschliche Seele, verwirrt mich
ein Gewirr von Blättern
und lässt mich nicht schlafen:

*Der Vollmond krönt
die Finsternis und übertüncht sie.*

Gilbert schreibt mir aus Goux-les-Usiers:

«Frankreich ist *deconfinée!* Ich müsste froh sein, bin es aber nicht. Es schmerzt mich zu sehen, dass die Phase, die wir durchgemacht haben, nur wenige Menschen zum Nachdenken gebracht hat. Die größte Sorge hier war die Wiedereröffnung der *salons de coiffure;* nachdem du meinen *look* kennst, wirst du verstehen, dass ich das bei der ganzen Angelegenheit am allerlächerlichsten fand, da ich seit 1969 nicht mehr zum Friseur gehe!»

In aller Morgenfrühe gehe ich zu Mobilezone im Einkaufszentrum. Mit Maske im Gesicht wie ein Außerirdischer warte ich, bis ich an der Reihe bin, und sehe mich um. Nichts als Leere. Ade, grünes Gras, tanzende Meise!

Vor mir diskutiert einer in Uniform mit der Angestellten über alle möglichen Kombinationen von Abonnements, Rabatten und Sonderangeboten im Bereich der Mobiltelefonie: ein großer Kenner. Ich warte und fürchte schon, unter dem Maulkorb zu ersticken. Aber die Geduld ist meine Tugend, mir scheint, das habe ich schon gesagt. Nach der glücklichen Viruspause habe ich wieder Kontakt mit dem Realen aufgenommen.

Beim Verlassen des Einkaufszentrums: der Fluss. Ein Glück. Doch es ist ein erzürnter Fluss, grau, knurrend, eingesperrt in ein Gefängnis mit hohen Mauern. Hier neben der Tankstelle gab es kürzlich eine Umweltverschmutzung durch Dieselöl, die Sache wurde überall diskutiert, es folgte eine Protestkundgebung, denn das vergiftete Grundwasser gefährdete die Gesundheit der Bevölkerung. Aber die Rechtsanwälte haben alles zum Schweigen gebracht. Wer sagt, Italien sei korrupt? Hier sind wir in der Schweizer Eidgenossenschaft, ein Vorbild an guter Verwaltung, Ordnung und Sauberkeit.

La Breggia ancora viva! Die Breggia lebt noch! Das klingt wie ein Vers von Éluard, wie *Liberté, j'écrit ton nom*. In diesem Abschnitt ist der Fluss eine gezähmte Schlange; aber hier, genau an diesem Punkt, schäumt das Wasser nach dem Regen, ist lebendig. Ich denke an die weißen Kiesel in der Gegend der Polenta, der ehemaligen Maismühle, wo die Liebespaare liebelten und wir frustrierte, verträumte Jungen sie zwischen den Weiden versteckt belauerten.

Nach Hause zurückgekehrt, lese ich in der Zeitung, dass eine Babygang in Chiasso lokalen Dealern die Drogen klaute, um sie dann weiterzuverkaufen. Nach einem Wortwechsel haben diese Kinder einen aus der Region von Lugano mit Fußtritten und Fäusten angegriffen. Ein Tritt ins Gesicht des Siebzehnjährigen, dann ist die Meute brutal über ihn hergefallen, auch mit Kampfsportschlägen. Im Video sieht man einen, der sogar auf dem Jungen herumtrampelt. In der Tat lautet das Motto der Bande wörtlich: «Unser Ring ist die Straße, aber wir kämpfen nicht für die Brüder, deshalb wollen wir euch nicht k. o. schlagen, sondern wir wollen euch töten.»

Ich bin wie versteinert. Ist das die Kleinstadt meiner Jugend?

Heute Nacht dachte ich: Ein bisschen möchte ich auch für die anderen leben, für diejenigen, die nicht mehr weiterleben konnten. Ab und zu spreche ich mit ihnen. Vorgestern zum Beispiel habe ich mit Luigi gesprochen, der in seinen letzten Tagen wie ein zerrupfter Spatz zwischen Sofa und Bücherregal hin- und hertrippelte; ich wollte einen Ast abschneiden und konnte mich nicht entschließen, ich wusste nicht, ob es richtig oder falsch war. Also habe ich ihn gefragt.

«Schneid nur, schneid», hat er zu mir gesagt. Sein Rat war gut. Und so habe ich sein Leben ein wenig verlängert.

Du fragst mich, warum mir Mauergräser gefallen. Es ist, als würdest du fragen, warum es mir gefällt zu atmen. Die Gräser sind der Atem der Trockenmauern, der öden Ecken, der Steinhaufen. In ihnen verbirgt sich das Leben, das etwas Großes ist und nach und nach allmählich von der Erde verschwindet.

Gestern habe ich mich aus der Isolation hinausbegeben, um eine Ausstellung zu besuchen. Und mir war, als träte ich aus einer Wolke.

Es war einer dieser nach dem Regen lichten Nachmittage, wenn auch die Unmusikalischen singen, du dich ein wenig bedrückt fühlst und die Elster dir hinterherlacht. Verstehst du nicht, welchen Streich dir die Natur spielt, wenn sie dir vortäuscht, das Leben sei schön? Hörst du nicht ein Geräusch von gebrochenen Knochen? Bemerkst du nicht den Pesthauch hinter dem schönen Schein dieses Maises? Vielleicht ist es besser, in die Wolke zurückzukehren.

In der Ausstellung begegne ich einem Freund, den ich hinter seiner dunklen Brille nicht wiedererkenne. Hat er etwas zu verbergen? Da begreife ich noch einmal, wie kompliziert der Mensch ist. Wie sehr es uns an Klarheit fehlt.

Aufgeblüht ist die erste Rose
unter meinem Studio,
die Rose, die die Geheimnisse empfängt.
Sie duftet auch für dich, Unbekannter,
der du mir wieder in den Sinn kommst.
die Rose leuchtet in der Nacht,
geborgen in ihrem Feuer.

Ich bekomme eine Mail von meinem französischen Freund Gilbert.

«Seit Beginn der ‹Lockerung› des Lockdowns hatte ich mir keine Fernsehnachrichten mehr angesehen. Denn zuletzt schaltete ich sie immer vor dem Ende ab, zu groß die Scham, meine Landsleute über ihre zukünftigen Urlaube reden zu hören, nachdem ich gerade einen Artikel über einige Völker gelesen hatte, die infolge des Coronavirus verhungern. Jeden Tag frage ich mich, ob ich nicht vielleicht zum Misanthropen werde. Das Verhalten der gewöhnlichen Sterblichen zu akzeptieren, fällt mir sehr schwer.

Gestern, Sonntag, kam ich sehr ungehalten vom Hundespaziergang zurück. Der Wald, in dem man bis vor ein paar Tagen das Konzert der Vögel hörte, hallte wider vom Hupen und Dröhnen der Motorräder. Fast weine ich schon dem Lockdown nach. Heute Nachmittag fand ich am Rand eines Wegs, der zum Wald führt, zwischen Bierdosen mehrere gebrauchte Masken. Wie kann man sich so benehmen?

Manchmal frage ich mich, ob der Mensch seinen Platz auf dieser Erde, die er nicht respektieren kann, überhaupt noch verdient. Zum Glück bin ich auf die gute Idee gekommen, meine Bibliothek ins Wohnzimmer hinunter zu verlegen, sodass ich nicht jedes Mal Treppen steigen muss, wenn ich ein Buch konsultieren will. Auf diese Weise bin ich von Freunden, Schriftstellern, Essayisten und Dichtern umgeben, und ich glaube, ich habe ihre Gesellschaft noch nie so geschätzt!»

Ein Ast der Hainbuche hängt über meinem Kopf. An der Oberfläche besteht er aus schräg parallel geäderten Blättern mit gezackten Rändern, in der Tiefe weiß ich nicht. Doch ich fühle, dass seine leichte, von der Brise hervorgerufene Bewegung eine Bedeutung hat, die sich auf mich bezieht, auf mein tiefes Ich.

Dieser Ast ist Teil der Architektur des Baums, der mich beschützt. Hier bin ich unter seinem Schutz, kein Virus kann zu mir vordringen, auch kein Gerede. Hier lebe ich provisorisch im Herzen eines Kristalls, aus dem heraus ich die Oberfläche der Welt besser sehen kann.

Es war einmal in Chiasso – das klingt wie der Anfang eines Märchens – ein Angestellter, der Insekten sammelte. Ein Entomologe. Mit etwas Käse als Köder, heißt es, stieg er auf den Hügel und lockte sie in seine Falle. Diese Gestalt des einsamen Forschers, der sich vom Mistkäfer, von Schaben und Goldkäfern angezogen fühlt, hat mich stets fasziniert. Ich sehe ihn die Pfade am Monte Penz entlanggehen auf der Suche nach Gold, ein Gold, das aus kleinen Lebewesen besteht, die sich von Abfall ernähren. Und von den Menschen zertreten oder gefürchtet werden. Genau wie die Poesie: gemacht aus marginalen, flüchtigen, unterirdischen Dingen.

Das Coronavirus kann den Schmerz aufdecken, die Tragik des Lebens. Ich lese die Nachricht über die Bluttat in Giubiasco: Ehemaliger Polizist erschießt mit der Pistole zwei Menschen und begeht danach Selbstmord. Der Journalist schreibt, in der Schweiz gebe es tausend Suizide pro Jahr; und ich denke an das kleine Mädchen, das vor mehr als zwanzig Jahren von der Brücke geflogen ist. Im Dorf glaubte es niemand. Dieser Tage werde ich über die Brücke gehen, von der sie in den Strudel gestürzt ist, und ihr eine kleine Gebirgsnelke zuwerfen.

«Nein zum Polizei-Virus», steht mit schwarzem Filzstift an der Mauer des Altersheims in der Via Franscini. Hier geht ein Gespenst um, als hätten die Greisinnen und Greise, die ihre letzten Tage in diesen Räumen verbrachten, eine Spur ihres Todeskampfs in der Luft hinterlassen, zwischen den Appartementhäusern und dem Gurren einer Ringeltaube in einem nahen Garten. Dann kommt eine Frau auf mich zu, die früher mal halb meine Liebste gewesen war, und will mich begrüßen. Aber wir erinnern uns, dass man Abstand halten muss. Wie alt sie doch geworden ist, und auch ein bisschen bucklig, die Stimme ein bisschen rau ... Sie wird das Gleiche von mir sagen.

Ich habe geträumt, du würdest fallen und ich hätte dich wieder aufgerichtet. Das ist vielleicht das Eheleben: zusammen gehen, sich die Hand geben, manchmal stolpern, sich womöglich den Kopf anschlagen. Doch das Wichtige ist, wieder aufzustehen und das Fenster zu öffnen, um dem Gefühl Luft zu machen.

Wie in einem Blues wiederholt sich
das Leben einen Ton tiefer,
so blüht nun wieder der Holunder
während die Engel Boccia spielen,
genau wie in einem Blues. Oh Frau
mach, dass mein Herz wieder jung wird!

Das Gespinst der Glyzinie vor dem Berg ist ein Schattenknäuel über unseren Gewissheiten: sehr heilsam. Der Zweifel tut dem Geist gut, so ähnlich, wie als Kind mit dem Kopf aufzuschlagen, wenn man beim Spielen mit den Freunden im Hof hinfiel; damals half uns das, erwachsen zu werden, heute hilft es uns, Klarheit in uns zu schaffen.

Freude ist in der Bewegung der Blätter. Heute Morgen bewegen sich die belaubten Zweige des Kirschbaums, die kleinen, grünen Früchte sind vielversprechend, doch wird es noch einen Monat dauern, bis sie reifen, falls sie nicht vom Hagel zerstört werden. Auf das Reifen der Kirschen zu warten, ist nicht ohne Bedeutung, wenn es stimmt, dass eines der Übel der Gesellschaft der Mangel an Hoffnung ist. Man sieht die Zukunft als Bedrohung, nicht als Versprechen. Man glaubt nicht an die roten Kirschen, an die Freude. Diese Vertrauensleere ist eines der traurigen Merkmale unserer Zeit, in diesen Monaten verstärkt durch die Pandemie.

Spinoza, der Theoretiker der Leidenschaften, erkannte Gott in der Natur, im Laub des Kirschbaums, im Blick des

Falken. Hass, Zorn, Neid, Angst sind traurige Leidenschaften. Sie deprimieren uns, ersticken unsere Lebenskraft. Um sie zu bekämpfen, ist es notwendig, in der Gesellschaft ökonomische und politische Bedingungen zu schaffen, die uns auf die Zukunft hoffen lassen.

Als ich gestern im Auto auf der Straße nach Morbio Inferiore an einer Trockenmauer vorbeifuhr, sah ich die Mohnblüten, und das Rot dieser kurzlebigen Blütenblätter hat mich fast ins Schleudern gebracht. Vorsicht: Schönheit ist gefährlich! Ich dachte an die Impressionisten: Die Natur imitiert die Kunst.
    Ziel meines Ausflugs war, mir in der Pinakothek von Rancate Jean Corty anzusehen, einen Maler, der nichts mit dem Glück des Impressionismus zu tun hat. Er ist der Maler des Leidens. Ärmlich hat Corty knapp neununddreißig Jahre gelebt, viele davon in der Irrenanstalt, und ist von unseren Spießern verlacht worden.

Das Virus wirft Schatten auf die innere Landschaft, offenbart dunkle Ecken, Fallstricke, Abgründe. Leben wird nun sein wie im Gebirge zu wandern und ab und zu stehenzubleiben, um auf den zurückgelegten Weg zu blicken, sich zu sagen: Oho, dort, wo der Weg an der Leere entlangführt, bin ich ganz schön in Gefahr gewesen. Und bei diesem Gedanken zu lächeln.

Das literarische Werk dient nicht dem Zeitvertreib und der Zerstreuung, sondern dazu, die Zeit anzuhalten und sich zu konzentrieren. In ihm nehmen Zeit und Raum eine andere Dimension an, sie überraschen uns, sind Quellwasser.

Gilbert schreibt mir und erzählt ein bisschen aus seinem Leben:

«Ich habe seit meinem siebzehnten Lebensjahr in der Fabrik gearbeitet. Damals (1968) war das Milieu sehr hart. Das mit der ‹Vereinigung der revolutionären Proletarier› ist eine Vision, die bei vielen Intellektuellen noch fortdauert, ein sehr weit von der Realität entferntes Klischee. Armut, intellektuelles Elend und Frustrationen führten dazu, dass Tiefschläge, Denunziationen, Rassismus und auch *bagarres* an der Tagesordnung waren.

Das soll nicht heißen, dass es unter meinen Kollegen keine bewundernswerten Figuren gab. Ich habe welche getroffen, aber sie waren nicht die Regel. Mir ist klar, dass das, was ich sage, nicht dem Idealbild entspricht, das viele gern von der Arbeitswelt hätten, der ich dreiundvierzig Jahre lang angehört habe; aber Luzidität ist nicht das Hauptmerkmal des Menschen, auch wenn er links ist.

Ich beschloss sehr früh, mich zu engagieren, weil die offensten Leute häufig Gewerkschafter waren und ich dazu beitragen wollte, die Dinge zu verändern. Mit der Dreistigkeit der Jugend und meiner Leichtigkeit im Ausdruck, die ich vielleicht meiner Leidenschaft für die Literatur verdanke, wurde ich bald von den ‹Alten› gedrängt, die Arbeiter zu verteidigen, die, weil sie einen Fehler gemacht hatten, zu dem einbestellt wurden, was man ein ‹Vorgespräch› nennt. Kurz gesagt, die Betroffenen erhielten einen Brief mit den Vorhaltungen der Direktion, und der Brief endete häufig mit einer Kündigungsdrohung.

Es war wie ein Schlag auf den Kopf, das muss man gar nicht erwähnen; für manche war es so schlimm, dass sie den Brief vor ihrer Familie geheim hielten und vor dem Gespräch einige schlaflose Nächte verbrachten. Auch die Schlimmsten wurden rührend, wenn sie kamen und mich um Hilfe baten. Man brauchte viel Einfühlung und Geduld, um herauszubekommen, was passiert war. Häufig lagen die Gründe für ihren ‹Fehler› außerhalb des Fabrikbereichs: Der eine war wegen Alkoholproblemen einen Monat lang zu spät zur Arbeit gekommen; der andere lebte in Scheidung und konnte sich nicht mehr auf die Arbeit konzentrieren; jemand hatte Waren gestohlen (es handelte sich um eine Lebensmittelfabrik), weil er seine Kinder nicht mehr ernähren konnte. Kurz, jeder hatte sein Kreuz zu tragen. Ich drang also in ihre Privatsphäre ein. Nach einem langen Gespräch entschied man dann gemeinsam, welche Verteidigungslinie im Lauf des offiziellen Gesprächs angewandt werden sollte.»

Spaziergang mit Milo, er nennt es *petit tour*. Mein Enkel ist zweieinhalb Jahre alt und begeistert sich für alles, was er sieht, den Grashalm, die Eidechse, den Stein, die *chenille*, d.h. die Raupe. Wenn ihm etwas begegnet, was ihm gefällt, führt er einen Freudentanz auf. Mit welcher Intensität das Kind die Welt wahrnimmt und wie diese Intensität beim Erwachsenen abstumpft!

Caillou, wenn er am Wegrand einen Stein sieht; *mouton*, und er bleibt verzückt stehen, ein wenig unsicher wegen der langen, gebogenen Hörner des Tiers. Doch wenn er das Geräusch eines Autos hört, erschrickt er, sagt *voiture* und erstarrt im Rinnstein, um es vorbeifahren zu lassen. Er streicht mit der Hand über die Wiese; aber Vorsicht bei Brennnesseln, *ça pique!*

Von sich selbst spricht er in der dritten Person: *la maison à Milo,* nennt er das Haus seiner Großeltern, vor dem *la fôret* liegt, eigentlich nur eine kleine Anlage mit ein paar Sträuchern. Er geht auch gern in den *fôret* und reißt Efeuranken aus, um sie in das alte steinerne Becken zu werfen. Er sagt *fleur rouge* und läuft los, um an der prachtvollen Rose zu riechen, die nur für ihn zu blühen scheint.

Es gibt zwei Sorten von Stöcken: *bâton petit* und *gros bâton,* den er bevorzugt, weil er ihn hochhalten kann wie eine Trophäe. Sein Paradies ist das Wasser im Brunnen, doch liebt er auch die Erde, den *caillou,* die kleine Walnuss oder die unreife Kirsche, die vom Baum gefallen ist und leblos auf dem Feldweg liegt. Und dann gibt es noch den *lézard,* den *poisson* im Bach. Alles macht ihm Freude, besonders aber der *gros bâton,* den er nicht loslässt und mir unbedingt auf den Kopf hauen möchte ...

Ich denke oft an dich, wenn du dein Ballett tanzt,
einen Schrei ausstößt, den Kochtopf hinter dir herziehst,
das Holzhuhn an der Schnur,
wenn du das bunte Büchlein liest,
den Schnuller in den Mund schiebst, den Bass spielst,
schnell fährst mit der Trottinette,
den Mond hoch am Himmel fliegen lässt,
neue Wörter sagst: «bambin bascio
pese picolo nona», die Taschen füllst
mit kleinen, weißen Schneckenhäusern,
das Köfferchen umgehängt herumläufst,
mit dem Spitz sprichst, die tote Amsel siehst
neben dem Laden des italienischen Friseurs
und mit ernster Stimme sagst «oiseau tombé».

Gilbert schreibt mir. Die Tagebuchseite, die ich ihm geschickt habe, hat ihm gefallen. Er antwortet, dass wir das große Glück haben, die Welt dichterisch gestalten zu können, sowohl mit Worten als auch einfach mit den Gedanken und dem Blick, mit dem wir unsere Umgebung betrachten. In der Schule werde nicht genug Dichtung unterrichtet, mein Freund hat den Eindruck, dass die Lehrpläne sich nicht sehr um eine Kunst bemühen, die eine Art ist, die Welt und das Leben zu verstehen.

«Ich erinnere mich zum Beispiel an die Lektüre von Émile Verhaeren. Eine unvergessliche Erinnerung, ich fühlte buchstäblich den Wind, den Regen und die Traurigkeit Flanderns durch meinen Körper strömen. Ich erinnere mich noch an die ersten Verse des Gedichts.»

Er hat mir Verhaerens Verse abgeschrieben, und ich habe versucht, sie zu übersetzen, es aber dann aufgegeben, denn die Musik dieser Verse ist unübersetzbar. Shelley sagt in *A Defence of Poetry,* dass der Versuch, die Schöpfungen eines Dichters von einer Sprache in die andere zu übertragen, wohl nicht weniger unsinnig wäre, als ein Veilchen in ein Becken zu werfen, um das formale Prinzip seiner Farbe und seines Dufts zu entdecken.

Ich habe keinerlei Erinnerung an die Asiatische Grippe, die in den Fünfzigerjahren ausbrach und zwei Millionen Todesopfer forderte. Ich wohnte zu der Zeit in der Via Bossi 43, und diese Epidemie war für mich etwas Vages, das nur Asien betraf. Ich dachte gar nicht daran, in meine Fantastereien verstrickt, wie ich war. Im Juni berauschten mich die Linden am Seineufer, und mit den unzertrennlichen Freunden von damals durchquerten wir die geliebte Kleinstadt und schleppten das Schlagzeug am blutroten Wildbach entlang, um in einem verlassenen Grotto am Monte Penz *Muskrat Ramble* zu klimpern.

Den Wind mochte ich schon immer, besonders wenn ich auf dem Fahrrad nach Novazzano fuhr, um in einer Mehr-Klassen-Grundschule zu unterrichten. Im Laub der Zitterpappeln ertönte eine fröhliche Musik, *do mi so do* …

Ich hatte ein Gedicht komponiert, in dem diese Noten sangen. Ein bisschen so wie Milo, der trällert, mit der Hand *Tschau* winkt und mit dem Dreirad auf Abenteuerfahrt geht. Für ihn ist es ein Abenteuer, in der Küche Runden zu drehen, den Tischkanten, den Stühlen, dem Schrank und dem Kindersitz auszuweichen. Für mich ist das Abenteuer, Klippen, Bösartigkeiten, Dummheiten auszuweichen. Und dabei ist der Wind eine große Hilfe.

Verbrecherischerweise habe ich ein kleines Insekt, das Milo gefallen hätte, mit einem schwachen Wasserstrahl im Abfluss des Waschbeckens verschwinden lassen. Er begleitet auch die Raupen und die Würmer, *les petites bêtes,* die er auf Spaziergängen antrifft. Er hilft ihnen, den Weg zu überqueren, sich in Sicherheit zu bringen.

Ich lebe immer so, als müsste man mir etwas verzeihen, oder als müsste ich jemandem verzeihen. Ich weiß nicht, was es ist, vielleicht nächtliche Gespenster, die sich dann auflösen. Oder ist es eine Schuld zu leben, und es gelingt uns nicht, ein ungetrübtes Verhältnis zum Dasein zu haben? Zu viele Knoten, verwickelte Fäden. Doch das Licht vertreibt sie, der Morgen entwirrt das Knäuel.

Mitleid ist eines der seltensten und für mich wichtigsten Gefühle. Es gibt ein schönes Buch von Antonio Prete, das ich in diesen meditativen Tagen zur Lektüre empfehle. Darin findet sich auch die berühmte Episode von Rosa Luxemburg: Die Büffel, die im Gefängnishof von dem begleitenden Soldaten blutig geschlagen werden. Die Aufseherin ermahnt den Soldaten, ein wenig Mitleid zu haben, und er erwidert: «Mit uns Menschen hat auch niemand Mitleid.»

So erzählt es Rosa in ihrem Brief an die Freundin Sonja Liebknecht:

«Die Tiere standen dann beim Abladen ganz still und erschöpft und eins, das, welches blutete, schaute dabei vor sich hin mit einem Ausdruck in dem schwarzen Gesicht und den sanften schwarzen Augen wie ein verweintes Kind. Es war direkt der Ausdruck eines Kindes, das hart bestraft worden ist und nicht weiß wofür, weshalb, nicht weiß, wie es der Qual und der rohen Gewalt entgehen soll ... Ich stand davor, und das Tier blickte mich an, mir rannen die Tränen herunter – es waren seine Tränen, man kann um den liebsten Bruder nicht schmerzlicher zucken, als ich in meiner Ohnmacht um dieses stille Leid zuckte. Wie weit, wie unerreichbar, verloren die freien saftigen grünen Weiden Rumäniens!»

Schreiben bedeutet, die Gespenster verjagen. Das wurde schon gesagt, aber ich weiß nicht mehr von wem. Unser Geist ist ein aufgewühltes, trübes Wasser, aus dem zuweilen Kristallsplitter, Blechstücke, Kiesel auftauchen.

Windiger Sonntag. Ich fahre nach Agno auf der Suche nach Jean Corty und finde den Mundartdichter Ulisse Pocobelli (genannt Glauco), gestorben 1950; der bekannte Maler ist nicht da. Ich sehe die großen und auch die kleinen Familien, an die die Grabplatten erinnern. Da ist ein Kind, mit wenigen Monaten Anfang des Jahrhunderts in Buenos Aires gestorben, ein schöner, spitz zulaufender Grabstein; doch er, mein Maler, ist nicht da. Ein Fachmann für Tote geht zwischen den Gräbern umher, schüttelt den Kopf und sagt, dass ich ihn niemals finden werde; ich aber hatte in einem Artikel aus den Sechzigerjahren gelesen, sein Grab sei halb versteckt unter einem Rosenbusch ...

Meine Stimmung, heute Morgen heiter wegen des Frühlings, verdüstert sich, als ich auf der Kantonsstraße ins Ortszentrum zurückfahre. Der Verkehr hat in diesen Tagen zugenommen, der Lärm ist stärker als zuvor, außer am nahen Flughafen, der zum Glück schweigt. Ich sehe das Schild eines Geschäfts, *Revolution-Hair Beauty & Nails:* die einzig mögliche Revolution im neuen Jahrtausend.

Das Museo Plebano ist geschlossen. In einer Osteria sitzen mit Abstand zwei bleiche alte Männer und schauen misstrauisch heraus. Ein Rentner geht vorbei, Hose mit Tarnmuster wie im Krieg und hellblaue Maske, er führt seinen Hund aus. Am Parkplatz stöbert ein anderer im Kasten des *Mattino della domenica,* eine fremdenfeindliche Wochenzeitschrift mit ultrarechten Sympathien, und ich sage mir «Addio Ticino bello», so wie die von der Bourgeoisie verjagten Anarchisten am Ende des 19. Jahrhunderts sangen *Addio Lugano bella.*

Das einzig Schöne hier ist eine Trockenmauer. Herrlich: hoch wie die einer Kaserne, übersät mit Gräsern und Blumen. Zwischen den Pflanzen erkenne ich zwei oder drei Geißblattbüschel, die selten an einer Mauer wachsen. Vielleicht handelt es sich um das Wunder von San Provino.

Die Friedhöfe sind voller Leben. Beppe Fenoglio wanderte in der Langhe über die Friedhöfe auf der Suche nach Inspiration, und Cees Nooteboom reiste um die halbe Welt, um die Gräber von Dichtern und Schriftstellern ausfindig zu machen. Ich fahre nach Comano, um Franco zu suchen, meinen Banknachbarn, der keine Gedichte mochte und im Klassenzimmer im ersten Stock unter dem Pult die *Gazzetta dello Sport* las, während der Pädagogikprofessor – ein leichter Legastheniker, der redete, als trüge er eine Maske – seinen Unterricht über die Erziehung im antiken Sparta hielt und unfähig war, den zukünftigen Lehrkräften am Wirkungsort der Reformpädagogin Maria Boschetti Alberti auch nur einen Funken Leidenschaft für den Beruf zu vermitteln; doch die Sportbegeisterung meines Kameraden teilte ich nicht. Mein Freund war Miro aus Cavergno, der in der hintersten Bank saß und als Einziger den Mut hatte, aus dem Gefängnis auszubrechen, um am Balkon des Hauses gegenüber hinaufzuklettern und in den Armen einer Frau zu liegen. Er war mein Vorbild.

Es waren Jahre voller Träume. Mein Vater starb, als ich noch nicht fünfzehn war. Nach seinem Tod entdeckte ich die Literatur, vielleicht als Kompensation. Als ich Mitte der Fünfzigerjahre in die Lehrerbildungsanstalt in einem ehemaligen Konvent eintrat, entdeckte ich noch etwas: die Scheinheiligkeit. Die Erwachsenen verletzen, und diese Verletzungen heilen nur mühsam, auch wenn es heißt, die

Zeit heile alle Wunden. Zum Beispiel: Was mag die Professoren damals bewogen haben, im fragilsten Moment meines Lebens ein negatives Urteil zu fällen wegen eines realistischen Satzes, den ich in einem Aufsatz geschrieben hatte, also wegen übertriebener Liebe zur Literatur? Aber es gab auch die Freunde. Die Freunde sind ehrlich, oh ja, doch der einzige, wirklich Ehrliche war für mich Miro, dessen Vater in dem mit Steinen beladenen Lastwagen einen Abhang hinuntergestürzt war. Über die Mädchen kann ich nichts sagen, sie lebten in einer anderen Welt: Wir konnten nur von ihnen träumen.

Heute fahre ich also nach Comano auf der Suche nach Franco, meinem Banknachbarn, der vor etwa fünfzehn Jahren gestorben ist. Unter der senkrecht stehenden Sonne sehe ich schöne Grabsteine. Auf einem ist ein Landhaus eingraviert, mit allen Einzelheiten, Terrasse, Gemüsegarten, Mäuerchen, als müsste der Verstorbene gleich herauskommen und die Erde rund um die Tomaten hacken oder den Weinberg richten – auch wenn es schon ein bisschen spät ist, die Reben blühen bald; oder hier der Gedenkstein, der an den Achtzehnjährigen erinnert, 1920 dahingerafft «von der grausamen Plage», das ist hochaktuell, denn diese Plage ist die Spanische Grippe, die weltweit fünfzig Millionen Tote verursacht hat; oder das antike Grabmal aus weißem Marmor mit kleinen Säulen und einem Giebel, auf dem ein Kreuz ragt. Es erinnert an einen Mann, gestorben 1901, der «mit dem Tod des Gerechten ein arbeitsames, redliches Leben krönte». Aber meinen Schulkameraden finde ich nicht. Auch heute habe ich kein Glück bei den Toten.

*Heute früh kam ein schwarzer Vogel
er blickte durchs Fenster; doch
als er niemanden sah, auch kein Körnchen
machte er kehrt und flog fort.*

Gilbert schreibt mir, erzählt eine Episode aus seinem Gewerkschafterleben und schickt mir ein Gedicht.

«Abbes war ein schwarzer Marokkaner, er stammte aus Meknès und war ein Nachfahre der Gnawa, jener Afrikaner, die einst von den Arabern versklavt wurden. Er lächelte immer und beklagte sich nie. Da er nie eine Schule besucht hatte, musste er als Putzmann in der Küche arbeiten, eine undankbare Aufgabe, die er mitten in Hitze und Lärm hervorragend erfüllte.

Jeden Morgen ging ich in die Kantine, um mit ihm und ein paar anderen einen Espresso zu trinken und eine Zigarette zu rauchen. Ich war sehr überrascht, dass er Tag für Tag hochtönend mit ‹Hallo Schneeball› begrüßt wurde, was als plumpe Sympathiebezeugung gemeint war, ihn aber ständig an seine Herkunft und sein Anderssein erinnerte.

Als wir eines Morgens allein waren, fragte ich ihn, ob er diesen geschmacklosen Scherz nicht satthabe. Er erklärte mir, das sei immer noch besser als die Gleichgültigkeit oder die Verachtung, die ihm andere, offen rassistische Kollegen entgegenbrachten. Ein schwacher Trost.

Eines Tages, während wir warteten, bis wir am Schichtende mit dem Stempeln an die Reihe kamen, stieß ihn einer dieser Kollegen grob beiseite und sagte, er könne es nicht ertragen, dass ein ‹Neger› vor ihm drankäme. Zu meiner großen Überraschung drehte sich der freundliche, immer lächelnde Abbes um und verpasste dem Mann eine Ohrfeige. Das Maß war voll, dem armen Abbes war der Kragen geplatzt.

Natürlich rannte der Rassist sofort beleidigt zum Vorgesetzten, ebenfalls ein Rassist, und sagte, er sei angegriffen worden. Abbes erhielt eine Vorladung zum Vorgespräch, die mit diesen Worten endete: ‹Wir behalten uns vor, Ihnen gegenüber die Maßnahme einer möglichen Kündigung zu ergreifen.› Da er nicht lesen konnte, brachte er mir den Brief, und ich erklärte ihm, was dieser Satz bedeutete. Er hatte drei Kinder und gerade eine kleine Wohnung für die Familie gekauft. Ich war dem Weinen nahe, als ich seine Augen sah. Die Tränen rannen über seine dunkle Haut. Ich beruhigte ihn, versprach, ihm zu helfen und suchte sofort nach Zeugen der verbalen Aggressionen, die er erlitten hatte.

Dann fand das Gespräch statt und die Leiterin der Personalabteilung teilte ihm mit, dass keine Strafmaßnahme gegen ihn ergriffen würde. Noch nie war ich so glücklich. Abbes' Lächeln versöhnte mich mit der Menschheit und überzeugte mich, meine Arbeit als Gewerkschafter fortzusetzen, denn manchmal war ich in Versuchung gewesen, sie aufzugeben.»

Hier meine Übersetzung des Gedichts, das Gilbert für Abbes geschrieben hat:

Winter

Er gähnt, reibt sich die Augen
unter dem malvenfarbenen Blick des Mädchens,

das herablächelt vom Plakat
für Espressoautomaten.
Hinter der Bretterwand brummt die Fabrik.
Draußen schneit es
im trüb-grauen Licht.
Die Blinker des Schneeräumers
senden gelbe Blitze
– schwarzes Elend!
«Als ich ankam
war so ein Tag wie heute,
Schnee hatte ich noch nie gesehen,
ich war in Turnschuhen.
Vor dem Bahnhof fragte ich mich, wie soll ich
durch diesen Matsch laufen.
Jetzt weiß ich, wie es geht, hab genug Schnee gesehen
in dreißig Jahren!
Schnee bedeutet Elend
schwarzes Elend!
Die anderen dort oben
sagen, er sei weißes Gold,
Oh ja! Weißt du
warum man schwarzes Elend sagt? Nein?
Nun, wenn du einen Tag,
nur einen Tag lang schwarz wärst
in diesem ganz weißen Land,
würdest du mich verstehen!»
Er schaut mich verschmitzt an,
und in seinem dunklen Gesicht
leuchtet plötzlich ein Lächeln auf,
weiß wie der Schnee.

Mir kommt eine Episode in den Sinn, die ich Ende der Neunzigerjahre in Ponte Chiasso erlebt habe: Ich gehe mit der Zeitung unter dem Arm an einem Café vorbei, da begegnet mir ein sanftmütiger Afrikaner mit seiner Tasche voller Waren, die er den Passanten anbieten will. An einem Tischchen sitzt der Wirt und ruft: «Ciao, Schneewittchen ...!» Der Schwarze verzieht nur leicht das Gesicht und zieht weiter. Die Menschheit wird immer mit Füßen getreten werden, solange wir auf der Straße hören müssen, wie ein Dummkopf einen Schwarzen beleidigt. Es ist das Anzeichen für andere, sehr viel blutigere und oft tödliche Übergriffe, die in anderen Teilen der Welt stattfinden.

Und dann denke ich an die junge Senegalesin in einem Genfer Bistro, zu der ein Gast sagt, er lege keinen Wert darauf, von einer *sale négresse* bedient zu werden; und dann gibt es die Episode mit der schwarzen Frau, die für eine internationale Organisation arbeitet und am Flughafen angehalten, kontrolliert und, obwohl ihre Dokumente in Ordnung sind, in einen separaten Raum geführt und verhört wird, man durchsucht ihr Gepäck, befiehlt ihr, sich auszuziehen; und dann gibt es die, die beim Karnevalszug in Schwyz als Ku-Klux-Klan verkleidet erscheinen und eine Fahne mit dem keltischen Kreuz tragen; und die Schüler einer Schule in Bern, die rechtsextreme Symbole malen, den Hitlergruß machen, einen schwarzen Schulkameraden angreifen; und ...

Das pathologische Symptom, das Rassismus heißt, nimmt auch in der Schweiz zu.

Dieses Virus ist ein Spiegel, der dich zwingt, dir selbst ins Gesicht zu sehen, genau zu schauen, wie hässlich oder schön du bist, dir Fragen zu stellen: Bist du dir sicher bei dem, was du tust? Hast du wirklich gut gelebt? Fragen, die man sich vor dem Einschlafen stellt, in der Erwartung eines klärenden Traums.

Bei den Zetteln, die ich mit Bleistift vollkritzle, finde ich Notizen zu Büchern, die ich lesen möchte, zu Projekten, die ich umsetzen möchte, Personen, die ich treffen möchte. Möchte ... immer im Konjunktiv. In diesem Sinn hat sich das Leben geändert, indem es bestimmte Fragen schmerzhafter macht.

Haben die Sätze, die ich schreibe, einen Sinn, oder bilden sie Sprechwölkchen, die sich mit ganz anderem Gewölk vermischen wie die Blätter im Urwald? Manchmal höre ich mich reden, als sei ich jemand anderes, ein Unbekannter.

Mich hat eine Art Abneigung gegen Italien erfasst. Mich, der ich auf Italienisch schreibe, für den Italienisch die geliebte Sprache ist, der eine Italienerin geheiratet hat. Und doch, wenn ich im Fernsehen die Gesichter der Politiker sehe, mit ihrem Lächeln, ihrer Falschheit, ihrer rechthaberischen Gewissheit, ihrer Streitsucht ...

In Wirklichkeit ist es, genau genommen, keine Abneigung gegen Italien, sondern gegen ein bestimmtes Italien: das der Komödianten, der Schlawiner, der Korrupten. Das Italien derjenigen, die Steuern hinterziehen und die Armen in Not bringen. Doch wenn ich dann noch genauer darüber nachdenke, erkenne ich, dass es diese Kategorie von Bürgern auch bei uns gibt, wenn auch in geringerem Maß; es handelt sich um das Produkt eines verkehrten Gesellschaftssystems.

Es sind die Tage, an denen die Toten wieder auferstehen und kommen, um uns von ihren Liebesgeschichten, ihren Wünschen, ihrer Melancholie zu erzählen. Mein Vater hätte 1936 gern in Spanien gekämpft; meine Mutter traf, nachdem sie Witwe geworden war, einen etwas heruntergekommenen Handlungsreisenden, der, meine ich, auch ein Glasauge hatte und ihr den Hof machte, doch sie blickte lieber durch die Gardinen in der Küche der Via Stoppa zum grauen Himmel.

Am Busbahnhof von Tesserete begegne ich einem, den ich vom Sehen kenne. Wir trinken einen Espresso, er erzählt mir ein bisschen von sich, und jetzt kenne ich ihn etwas besser. In diesen Monaten hat er herausgefunden, dass er Epileptiker ist. Schon früher hatte er Beschwerden, doch eines Abends ist er umgefallen und dann war ihm alles klar. Er nimmt Medikamente und verbarrikadiert sich zu Hause. Außerdem ist er auch zuckerkrank. Geschieden von einer polnischen Asylbewerberin, die behauptete, sie arbeite für Solidarność, hat er nun Zeit, sein Gewissen zu prüfen. «Der Mensch ist irrational», sagt er. Ich stimme zu. Er gibt mit seine Telefonnummer.

Von Tesserete aus möchte ich einen Spaziergang durch Valcolla machen. Aber die Zeit ist knapp geworden, ich muss zurück ins Krankenhaus, um Raffaella abzuholen.

Wenn ich Valcolla sage, fallen mir drei Namen ein: Signôra, Bidogno, Corticiasca. Bei Signôra sehe ich die *festa dei Mericani* wieder vor mir, die weiten Wiesen und die Osteria und Männer in Hemdsärmeln und Frauen in geblümten Kleidern im Gras – geeignete Anregungen für eine meiner Chroniken. In Bidogno dagegen bin ich mit dem Mundartdichter, meinem Freund Ugo Canonica zusammen: Ich sehe die schwarze Schlange wieder vor mir, die Richtung Kirche über den sonnigen Weg kriecht. Und in Corticiasca, dem vom Unglück heimgesuchten Dorf weiter oben, bin ich mit Nicola, einem anderen Canonica, der mit mir die Lehrerbildungsanstalt besucht und ein schönes Buch über seine Heimat geschrieben hat.

Die Wollmütze über dem runzligen
Kastaniengesicht, erzählt mir Nicola
in der Bar am Fluss
von der roten Fahne, die er schwenkte als Student
vom Ersten Mai mit den Arbeitern,
beobachtet von dem Monster im Caffè Verbano,
das dann dafür sorgte, dass er
die Lehrerstelle verlor.

Kürzlich habe ich *La mort brute* übersetzt, das Buch eines Walliser *croque-mort,* das 1999 vom ethnografischen Museum in Genf veröffentlicht wurde. Charles Berthouzoz hieß der Autor, der davor Pfarrer war; bis er einsah, dass er dazu nicht taugte. Als Angestellter beim Genfer Bestattungsinstitut schrieb er dann hundert Gedichte über Verstorbene, die nun auch im Tessin übersetzt und publiziert sind: in einem hübschen, hellen Holzkästchen in Sargform. Ein unkonventionelles Buch, denn gewöhnlich vermeidet man, über den Tod zu sprechen, unser Unbewusstes lehnt ihn ab. Berthouzoz dagegen spricht darüber. Menschlich, nie nihilistisch, inszeniert er mit lockerer Tiefe die familiären und sozialen Verwicklungen, die sich rund um das

Begräbnis ergeben, die Gefühle und Verhaltensweisen derer, die bleiben. Ein belebendes Buch.

In der *Repubblica* habe ich eine Untersuchung gelesen, *Virus, das stille Massaker. Die verratenen Senioren in den Pflegeheimen.* 26422 alte Menschen sind von allen vergessen gestorben. Mehr als die Hälfte, die Schwächsten, allein in den Altenpflegeheimen, ohne Kontakte zu ihren Familien, in vielen Fällen ans Bett gefesselt. Mit weniger Beistand als dem, der für Gefängnisinsassen vorgesehen ist. Überall, vor allem aber in der Lombardei, wo das Pflegeheim Pio Albergo Trivulzio zum Symbol dieser Dramen wurde.

Es ist eine lange, ausführliche, genaue Untersuchung mit vielen Zeugenberichten: Ich hatte Mühe, sie zu Ende zu lesen. Der Vorsitzende der italienischen Gesellschaft für Psychogeriatrie bestätigt: «Die alten Menschen sind gedemütigt und ihrer Würde beraubt worden.» Der Philosoph Salvatore Veca sagt, es habe sich um einen sozialen Ritus der Dezimierung gehandelt.

Was soll man dazu sagen? Dass aus der Wiege des Humanismus ein unmenschliches Land geworden ist?

Die Alten stehen häufig nachts auf, gehen urinieren und können dann nicht mehr einschlafen. Ich stelle mir die Qual eines alten Mannes vor, der in einem Pflegeheim, womöglich namens Bel Tramonto, ins Bett macht, und niemand hilft ihm. Ich könnte selbst einer dieser Verdammten sein. Einer der Alten in dem Lied von Jacques Brel mit der Pendeluhr «qui dit oui, qui dit non, qui dit: Je vous attends ...»

Ist das Alter eine Krankheit? Man kann es auf unterschiedliche Weise betrachten: Manche ziehen es vor, vom «Älterwerden» zu sprechen, das klingt weniger hart; da ist Jean Améry von *Über das Altern: Revolte und Resignation,* der sich nach der Erfahrung von Auschwitz im Alter das Leben genommen hat; da ist Cicero von *De Senectude,* der als Greis die reinen Freuden des Landlebens genießt; und da ist der, der wie Marc Augé sagt, das Alter gibt es nicht.

Der Goldschakal ist im Onsernonetal angekommen: für die Biodiversität ein Geschenk. Er wurde drei- oder viermal in Vergeletto gesichtet, dem Ort, in dem einer meiner Romane teilweise spielt. Er gleicht ein wenig einem Fuchs, dieser Schakal. Ursprünglich stammt er aus Nordafrika und Asien und ist keine Gefahr für den Menschen.

Der Name des Tiers, neu in unserem verwilderten Land, erinnert mich an die epische Figur eines berühmten Schmugglers aus den Sechzigerjahren, der in den Volkserzählungen aus der Grenzregion, in der ich lebe, *Goldfasan* genannt wurde wegen seiner blonden Haare (aber ich vermute, sie waren gefärbt).

Man ist jung, wenn Lebensfreude vorhanden ist, ein Gefühl, das man natürlich auch im Alter spüren kann; doch das Virus wirkt sich allmählich gravierend auf unsere Fähigkeit aus, Freude zu empfinden, auch wenn es unsere Sensibilität erhöht oder vielleicht gerade deswegen. Ein Antidot? In den Zwischenräumen leben.

Die in den Krankenhäusern von Bergamo alleingelassenen Patienten erinnern mich an eine traumatische Erfahrung, die ich vor einigen Jahren in Athen machte. Am Ende des Griechenlandurlaubs saß ich am Flughafen im Wartebereich, um nach Hause zurückzukehren, als die Schmerzen, die ich in den letzten Tagen gespürt hatte, sich plötzlich so verschlimmerten, dass ich loslaufen musste, um auf der nächstgelegenen Toilette Galle ins Waschbecken zu spucken. Mit kurzen Pausen litt ich wie ein Hund. Deshalb wurde beschlossen, den Notarzt zu rufen.

Der herbeigeeilte Doktor sprach etwas Italienisch und scherzte, ich hätte wohl zu viele Spaghetti gegessen. Er gab mir ein Beruhigungsmittel. Im Krankenwagen durchquerte ich das nächtliche Athen. Wer weiß, wie faszinierend die Stadt nachts ist! Doch ich wurde bei jedem Schlagloch durchgeschüttelt, ich sah nichts, hörte die Reifen quietschen und krümmte mich mit meinem tierischen Schmerz im Bauch, bis wir die größte und chaotischste Notaufnahme der Welt erreichten. Dort warteten Patienten aller Art auf Hilfe, und mit der Weisheit des *Handbüchleins* von Epiktet war ich schon auf alles gefasst und lag regungslos in diesem Durcheinander. Irgendwann erbarmte sich die Krankenschwester, die nur Griechisch sprach, und bot mir ein Urinal aus Pappe an.

Schließlich untersuchten sie mich, mit EKG und allem, brachten mich hektisch von einem Raum in den anderen, sprachen immer Griechisch. Ich verstand nichts. Sie wollten mich operieren. Da erschien zum Glück ein rettender Engel in Gestalt einer Botschaftsangehörigen, und die Lage entspannte sich. Ich verbrachte eine Nacht im Hotel neben dem Flughafen. Und am nächsten Tag bestieg ich in aller Frühe das Flugzeug nach Zürich. Dort wurde ich abgeholt und mit dem Auto nach Mendrisio gefahren.

Wird sich nach dem lautlosen Massaker in Italien etwas Wesentliches ändern in der Welt der Kunst und der Literatur, so wie sich nach der Pest von 1348 etwas in der mittelalterlichen Malerei geändert hat? Vielleicht ja. Vielleicht werden Schriftsteller, Dichter und Künstler, die sich mit der prekären Lage des Menschen auf der Erde beschäftigen, in Zukunft aufmerksamere Beachtung finden.

Ich habe noch nie einen Kuckuck von Nahem gesehen. Heute Morgen höre ich ihn, er könnte in der Hainbuche Zuflucht gesucht haben, die sich über meiner Klause erhebt, oder in der Zeder neben der großen Villa unterhalb der Kantonsstraße. Der Himmel ist heute Morgen grau, hat aber eine eigene Schönheit. Wer sagt denn, dass der schöne Himmel unbedingt blau sein muss? Auch Grau kann schön sein, denn es lädt zur Ruhe ein, zur Mäßigung, zur Normalität.

Tja, die heiß ersehnte Normalität, von der in diesen Tagen so viel die Rede ist. Doch meine ich mit diesem Wort nicht die Wiederaufnahme des gewohnten Betriebs, angereichert mit der gewohnten Gewalt – ich kann das Gesicht von George Floyd nicht vergessen, getötet von dem Polizisten aus Minneapolis, der ihm fast neun Minuten lang mit seinem ganzen Gewicht das Knie auf den Hals gepresst hat; ich meine also nicht die Wiederaufnahme der üblichen Feindseligkeit, sondern die Normalität einer neuen Bewusstwerdung: Ich bin hier, ich weiß, dass ich lebendig bin, und unterdessen ruft ein Vogel und hört nicht auf und schenkt mir ein bisschen Freude und ein bisschen Traurigkeit. Das meine ich.

Die Normalität, mich mit den anderen versöhnt zu fühlen, zu hoffen, dass die Angst aus dem Herzen der Menschen weicht und dem Gedanken Platz macht, dass man das Leben schützen muss, so wie der im Grün verborgene Vogel seinen einsamen Gesang schützt; die Normalität der Stunden, die sich immer gleich und immer anders wiederholen; die Normalität des Ginsters, der verblüht und der Pfingstrose, die erblüht, an einem beliebigen Samstagmorgen.

Der Schwarze Tod, die schreckliche Epidemie, führte in der Antike zu einem Massensterben. Man muss nur die Beschreibung des Thukydides über die Pest von Athen lesen:

«Nie wurde eine solche Pest, ein solches Massensterben berichtet. Denn auch die Ärzte konnten zunächst nicht helfen, da sie in Unkenntnis (der Krankheitsursachen) behandeln mussten, ja sie selbst starben am meisten, da sie am meisten mit ihr in Berührung kamen; und jede andere menschliche Kunst versagte. Wieviel sie auch in den Tempeln beteten, Orakelsprüche und dergleichen mehr anwendeten – alles war nutzlos.»

Bei uns wütete die Pest hauptsächlich im Mittelalter und flammte dann Ende des 16. Jahrhunderts hier und da wieder auf. Unsere Dörfer tauschten Informationen und Ratschläge aus, damals wie heute und mehr als heute, um die Epidemie zu bekämpfen.

In Cabbio, einem Dorf zwei Kilometer von meinem Zuhause entfernt, zeugt die Kapelle des heiligen Rochus vom Durchziehen der tödlichen Krankheit. Dort wiesen die Wachen die Fremden ab, die kein «Gesundheitszeugnis» besaßen. Das war eine der Maßnahmen, die die Behörden ergriffen hatten, samt Quarantäne und Desinfektion der Häuser, Personen und Waren; auch die Briefe wurden desinfiziert und die Stoffe «in kochendem Wasser gespült», wie man in den Dokumenten nachlesen kann. Bestenfalls werden die Wanderer aufgenommen, die von Dorf zu Dorf von den Wachen begleitet werden.

Man organisiert sanitäre Absperrungen und hält diejenigen, die aus infizierten Dörfern kommen, wie räudige Hunde fest, auch wenn sie Einheimische sind. Man weist «Läuse, Bittsteller und andere nutzlose Personen» ab, da sie Infektionsüberträger sind, schreibt der Historiker. Und es werden drohende Aufrufe veröffentlicht, vom Herold ausgerufen auf der Piazza von Mendrisio, sonntags nach der Messe. Sie kündigen Geldstrafen an, Jahre im Gefängnis, oder, für die Frauen, «dreimal öffentliches Pfahlhängen und drei Tage Pranger». Auch Hinrichtung war vorgesehen, «nach Gutdünken Seiner Hoheit».

In einem 1898 in Lugano erschienenen Buch des Kanonikers Pietro Vegezzi, einer Chronik von Ereignissen des Jahres 1500, findet sich folgender Eintrag:

«Adassono war ein Dörfchen zwischen Cadro und Dino und wurde gänzlich zerstört durch die Pest, die ein Einwohner des Dorfs selbst eingeschleppt hatte. Als die Bewohner der Umgegend von dem traurigen Fall erfuhren, riegelten sie Adassono mit peinlicher Sorgfalt ab, warfen hinein, was die Bewohner benötigen konnten, ließen niemanden heraus und töteten jeden, der zu fliehen versuchte. Das Dorf leerte sich und die verlassenen Häuser verfielen im Laufe der Zeit. Die Ruinen sieht man noch immer.»

Ich bin hin- und hergerissen zwischen Eigenliebe und Aufmerksamkeit für die anderen, doch erstere siegt zu häufig über zweitere.

In Einklang fühle ich mich nur, wenn es mir gelingt, nicht im Mittelpunkt der Welt zu stehen, sondern mich als ein Teil des Ganzen zu betrachten: nicht Insel, sondern Halbinsel. Wenn es mir gelingt, aus dem Käfig des Ego zu entweichen wie Fontaine aus dem Gefängnis von Montluc in dem Film von Robert Bresson, den ich gestern Abend gesehen habe, *Un condamné à mort s'est échappé*. In der letzten Szene umarmt Fontaine François, und die beiden, die Freunde geworden sind, schleichen davon wie Katzen, bemüht auf dem Kies kein Geräusch zu machen.

Manchmal genügt ein Wort, um einen Tag zu verderben, wie ein trockenes Blatt genügt, um einen Rosenstock zu verunstalten.

Ich denke oft an die Worte, die Markus Werner mir auf die Titelseite eines seiner Bücher schrieb: «Hütet euch, mit der Wirklichkeit zu fraternisieren!»

Wir hatten uns in Paris kennengelernt, auf einer literarischen Tagung. Eines Abends, vor dem Hotel, wusste ich nicht, was tun. Ich wollte nicht mit den anderen zusammen sein, hatte einen Anfall von Wildheit. Und da stand plötzlich Markus vor mir, auch er verwirrt wie ein Provinzler im Dickicht der Stadt. Wir hatten genug von den Literaten. Also gingen wir in ein Bistro, und beim Wein wurden wir Freunde.

Eines Tages, als er schon sehr krank war, schrieb er für mich diesen Satz mit seiner krakeligen Schrift, die aussieht wie die Spuren kleiner Vogelkrallen im Schnee. Doch was wollte er mir damit sagen?

Ich glaube, dass die Gefühle von Fremdheit, Unglück, Vernichtung, von denen so viel Literatur seit Baudelaire durchdrungen ist, keine negativen Folgen beim Leser zeitigen, sondern vielmehr, im Gegenteil, unser Leben verbessern können. Literatur besteht nicht aus guten Gefühlen, sondern aus Stil. Und daher, danke, Markus, für diese kleinen Vogelkrallen. Doch ich werde weiterhin fraternisieren, trotz allem. Ich werde das trockene Blatt entfernen und gebannt hinschauen. Ich werde weiterhin die brüderliche Stimme dieses zwischen den Zweigen verborgenen Nachtvogels hören.

Der Sonntag verspricht Regen. Ich fahre zum Zeitungkaufen in die kleine Stadt hinunter, die sich anscheinend schwertut, groß zu werden; unterwegs begegne ich zwei Frauen, eine führt ihren Hund aus, eine joggt. Und dann ist da noch ein Typ mit schulterlangen Haaren, der sich umschaut.

Im Zentrum niemand außer einer alten Frau mit Maske auf der menschenleeren Piazza. Der Kiosk ist zu. «Keine Zeitung in Chiasso?», frage ich den Typen, der raucht, das einzige lebendige Wesen weit und breit. «Da müssen Sie zu Coop gehen.» Doch am Eingang zu dem Kaufhaus stehen drei Maskierte, vor denen laufe ich davon.

Im Geschäft nebenan haben sie *Il Sole 24 Ore* mit der sonntäglichen Kulturbeilage nicht. Also fahre ich nach Mendrisio. Dort hat der Zeitungskiosk geöffnet, der Verkäufer lächelt und es gibt alle großen italienischen Tageszeitungen.

Auf dem Heimweg überhole ich unter Schwierigkeiten fünf Radfahrer, während eine Elster glücklich zwischen den Bäumen umherflattert und das Radio von der Gewalt in Minneapolis berichtet.

Corona Blues

Eineinhalb Meter oder zwei,
ich kann dich nicht mehr umarmen,

die hellblaue Maske,
ich kann dich nicht mehr küssen,

wenn ich den Arm ausstrecke, Baby,
stürze ich zu Boden.

Wir können nicht tanzen, Baby,
wir können nicht,

wirf doch die Maske weg, Baby,
ich will mit dir sterben.

Lieber mit dir als allein,
lieber sterben,

komm her zu mir, Baby,
wenigstens einmal,

morgen geh ich für immer,
morgen geh ich.

JUNI

Was habe ich gelernt aus dieser Zeit, in der alles verlangsamt ist? Vor allem, dass Langsamkeit eine Tugend ist im Vergleich zu der Hektik, die in normalen Zeiten herrscht. Und dann, dass Milde eine gute Sache ist. Aber, wie Norberto Bobbio sagt, Milde bedeutet nicht Nachgiebigkeit oder Schwäche; Milde ist die Reaktion auf die gewalttätige Gesellschaft, in der zu leben wir gezwungen sind. Sie ist das Gegenteil der Arroganz. Sie ist das, was der andere braucht, um das Böse in sich zu überwinden: eine soziale Tugend.

Ein milder Mensch kann in seinen Absichten entschlossen sein. Mild entschlossen.

Ich schlage die vorletzte Seite der Zeitung auf und sehe das Gesicht eines Freundes, der mich lächelnd anschaut. Es ist Giulio: ein weiteres Opfer des Virus?

Wenn ich ihm begegnete, deklamierte er eins meiner Gedichte, das ich selbst nicht auswendig kann; beim Zuhören kamen mir fast die Tränen. Giulio war Dorfbriefträger gewesen und trug Zeitungen und Korrespondenz auf dem Motorroller aus. Er erzählte gern Geschichten, die ich in meine Erzählungen hätte einfügen können; doch nun hat er sie mitgenommen, diese Geschichten, und nur die Steine werden sich daran erinnern.

Sein Onkel, in die Deutschschweiz ausgewandert, litt unter Heimweh, ein bisschen wie die eidgenössischen

Söldner im 17. Jahrhundert, die der Heimat lange fernblieben. Eines Tages hatte er mir eine Komposition von sich geschickt, Text und Musik, inspiriert von dem Dorf, das er verlassen hatte. Ich habe sie als Dokument unserer bäuerlichen Kultur aufbewahrt. Jetzt wird auch dieses Lied niemand mehr singen können.

Ich erinnere mich, dass einer der Gründe zum Disput mit den Jugendfreunden meine seltsame Passion für Paveses *Gespräche mit Leuko* war. Ich versuchte, sie zu lesen, auch wenn ich sie nicht verstand, und verlor mich zwischen Göttern, Göttinnen, Nymphen und Satyrn. Bei unseren Ausflügen auf die Hügel sprachen wir darüber. In meiner Naivität wollte ich diese *Gespräche* sogar aufführen, und die Freunde musterten mich kichernd. Später änderte ich zum Glück meine Meinung, wandte mich von der Mythologie ab und schrieb das Drehbuch für einen neorealistischen Film: eine komplizierte Liebesgeschichte, angesiedelt im Arbeitermilieu, für die ich auch ein Lied schrieb. Doch es war schwer, einen Produzenten zu finden ...

Heute frage ich mich, warum mich diese Dialoge so fasziniert haben. War es ein Traum? Der Zauber der Worte, der Satzrhythmus, das Geheimnisvolle? Vielleicht war es ein Versuch, mich selbst zu verstehen. Was verband mich mit den Orten, mit denen ich mich identifizierte? Warum sich in eine Frau verlieben, ohne sie wirklich zu lieben, und sich damit zu begnügen, sie sich vorzustellen? Was sah ich in dem Mann, der unter meinem Fenster vorbeiging? Welche Geschichte verbarg er?

Wenn ich jetzt darüber nachdenke, glaube ich, dass ich in diesen Texten undeutlich die mythische Dimension der

Liebe zur Natur wahrnahm, zur weiblichen Präsenz, zu den Idealen: Eine Dimension, die ich später bei Beppe Fenoglio wiederfand, aber auf «gesündere» Art ausgeführt.[1] Vielleicht waren dies die zwei Pole meiner frühen Jugendbildung: Pavese und Fenoglio. Später wurden die Dinge komplizierter, aber der Ursprung war, das Leben anzunehmen, um es mit dem Feuer der Einbildungskraft in Literatur zu verwandeln.

Zur Vorbereitung einer Radiosendung war ich mit drei Freunden in Mendrisio.

Die Sonne schien, und nachdem wir uns die Hände desinfiziert hatten, setzten wir uns an ein Tischchen im Freien. Wir sprachen über das Ende der Sechzigerjahre, als es so aussah, als müsste sich auch bei uns alles ändern. Doch dann änderte sich in Wahrheit nirgends etwas.

Wir hatten eine Theatergruppe gegründet, das *Teatro Informazione,* denn wir waren überzeugt, unseren Mitbürgern, beeinflusst von dem, was man damals «die Macht» nannte, erklären zu können, wie auch bei uns die Dinge wirklich lagen: Basis und Überbau, Bürgertum und Arbeiterklasse, Bosse und Ausgebeutete.

Die erste Vorstellung, bei der auch ich mitwirkte, verkleidet als Polizist mit einer zu großen Mütze, die mir dauernd über die Augen rutschte, war eine Inszenierung des *Zivilverteidigungsbuchs,* das die Eidgenossenschaft 1969 für

---

[1] Politisch gesünder. Um zu verstehen, was ich damit sagen will, braucht man nur *Il taccuino segreto* von Cesare Pavese zu lesen, 2020 bei Editore Aragno in Turin erschienen; aber Lorenzo Mondo machte schon 1990 im Feuilleton der Tageszeitung *La Stampa* darauf aufmerksam.

die Bürger publiziert hatte. Der Text eignete sich hervorragend als politische Satire und das Ergebnis war beachtlich; in Camerino jagten sie uns fort und einige Zuschauer warfen Steine auf die improvisierte Bühne auf der Piazza, während in Monte Carasso etliche kräftige Patrioten – die Vorläufer der Leghisten – in der ersten Reihe saßen, bereit, das Vaterland zu verteidigen. Doch gingen wir immer unbeschadet aus der Konfrontation mit dem Publikum hervor, manchmal flüchteten wir quer über die Weinfelder.

Jetzt schauen wir uns hier auf der Piazza die Fotos an und erzählen uns lachend die Anekdoten aus jenen frühen Jahren, als man dachte, die Kultur müsse dazu beitragen, das Bewusstsein zu erneuern, und der Pazifismus könne die Atombombe besiegen. Ich hatte auch mehrere Lieder für unsere Aktionen geschrieben, wenngleich mir der Käfig der Parteien nicht zusagte und ich gegen Paraden allergisch war. Mein Herz schlug mehr für die Poesie als für die Politik. So nahm ich von Anfang an mit Plinio Martini an den Versammlungen der Gruppe Olten teil, die Vereinigung, die aus Protest gegen den Vorsitzenden des Schweizerischen Schriftstellervereins entstanden war, weil er eben dieses *Zivilverteidigungsbuch* ins Französische übersetzt hatte.

Im Zug nach Biel, wo die Versammlung der Gruppe Olten stattfand – ich nannte sie «Gruppe Holden» in Anlehnung an den Protagonisten aus Salingers *Der Fänger im Roggen* –, las Plinio mir ein paar Seiten aus seinem neuen Roman vor, während durchs Fenster das Gelb der blühenden Rapsfelder hereinleuchtete. Eine Farbe, die sich mir für immer eingeprägt hat.

*Das Licht zwischen den Bäumen
am frühen Morgen, noch gehüllt
in schwarze Schleier, das Licht
kehrt zurück und erhellt
das Unterholz des Herzens.*

Seltsam, das Gefühl, das die Maske hervorruft. Einerseits fremdeln wir, andererseits fühlen wir uns einander näher, weil wir alle das gleiche Los teilen. Man hat den Eindruck, das Zeitgefühl verloren zu haben, und zugleich lebt man den Augenblick. Manchmal meinen wir, am Blick über dem kleinen weißen Rechteck oder am Gang einer Person, der wir begegnen, jemanden zu erkennen: Ist sie das? Ist er das? Ob er mich erkannt hat?

Wenn man vor einem Geschäft wartet, hat man mehr Zeit zur Beobachtung. Ich achte auf die Details. Wir bestehen aus Details, doch man findet sich wieder in der Essenz der Nacktheit.

Ich habe das *Tagebuch* von Julien Green wiederentdeckt. Für den wahren Schriftsteller sei jedes Buch sein erstes, schreibt er am 25. Februar vor fast neunzig Jahren, als der Fanatismus Europa vergiftete.

Diese Feststellung gilt auch heute noch. Und, würde ich hinzufügen, alles, was man schreibt, schreibt man zum ersten Mal. Jede Zeile.

Während ich Green lese, fällt mir plötzlich eine Episode ein, die ich vor ein paar Jahren in Lateinamerika erlebt habe: Wir sitzen an der vom Botschafter ausgerichteten festlichen Tafel, als sich dessen Frau plötzlich, bevor sie das offizielle Essen eröffnet, bekreuzigt und laut zu beten beginnt, um die Anwesenden einzubeziehen. Die Tischgenossen sehen sich stumm und verlegen an, senken den Blick auf die Teller: eine Szene aus einer anderen Zeit.

Danach begleitet uns die äußerst liebenswürdige und sympathische Dame durch die Stadt und macht uns mit den Kreisen der kulturellen Avantgarde bekannt.

Einer der beeindruckendsten Texte über einen wenig bekannten Fanatismus ist das kürzlich erschienene Buch *Heiliger Zorn* der englischen Historikerin Catherine Nixey. Untertitel: *Wie die frühen Christen die Antike zerstörten.*

Es ist die sehr gut dokumentierte Rekonstruktion der häufig gewalttätigen Intoleranz der frühen Christen in Alexandria, Rom, Konstantinopel und Athen, wo die Fanatiker wertvolle Zeugnisse der klassischen Kultur zerstörten: zerschlagene Statuen, Bücherverbrennungen, verwüstete Tempel, niedergerissene Paläste. Ereignisse, die an die Berichte unserer Tage aus dem Nahen Osten erinnern. Die antiken Christen gingen damals sogar so weit, die neuplatonische Philosophin Hypatia aus Alexandria in Ägypten zu lynchen.

Heimlich huschen sie durchs Gras,
wenn wir uns klammern
an die Klippen der Träume, die nächtlichen Besucher,
die Erbrochenes hinterlassen
auf den Stufen im Garten, zahme Lemuren,
sie erforschen die Schlupfwinkel des Gedächtnisses.

Heute diskutiert man infolge der Ereignisse in Amerika auch bei uns darüber, ob es richtig oder falsch sei, die Statuen von Rassisten zu stürzen. Ich denke, es nützt nichts, das Symbol zu beseitigen, weil damit nicht die Tatsache beseitigt ist. Jedoch ist es falsch, jemanden, der die Menschenrechte mit Füßen tritt, als Vorbild hinzustellen, auch wenn diese Rechte erst vor relativ kurzer Zeit festgeschrieben wurden. Man müsste in der Lage sein, auch Denkmäler als Material für Sozialkunde zu nutzen.

Nehmen wir beispielsweise das Denkmal für David de Pury auf dem Hauptplatz von Neuchâtel, das gern von kackenden Tauben beehrt wird. Lassen wir sie ruhig stehen, wo sie ist, diese Statue, denn sie ist Teil der Geschichte der Stadt, einverstanden; aber man muss erkennen können, dass man zwar einen Wohltäter vor sich hat, aber gleichzeitig auch einen Kolonialherren, der sich mit Sklavenhandel enorm bereichert hat. So könnte sich die Öffentlichkeit klarwerden, auf welcher Grausamkeit der Reichtum basiert.

Doch wer war eigentlich dieser Mann aus Bronze, zu dessen Füßen heute die Kinder spielen, die junge Frau auf den Liebsten wartet und auch ich glücklich vorübergehe, mit meinem Enkel an der Hand, der in dieser Stadt wohnt? Wie liefen seine Geschäfte ab?

In den vergangenen Jahrhunderten belieferten Firmen aus Basel und Neuchâtel die Schiffe, die von der Atlantikküste – vor allem von Nantes, im 18. Jahrhundert der größte Hafen für den Sklavenhandel in Frankreich – nach Afrika in See stachen, mit unterschiedlichsten Waren. Viele Schweizer beteiligten sich finanziell an diesen Unternehmungen, indem sie Stoffe, Metalle, Waffen, Alkohol, Tabak und Flitterkram gegen Menschen eintauschten; bei den Stoffen stachen besonders die «indischen» hervor, große

Baumwolltücher, bedruckt oder bemalt, die in verschiedenen europäischen Ländern hergestellt wurden (kostbar die aus Neuchâtel und Umgebung).

Es handelt sich um ein Dreiecksgeschäft: Man tauscht Gegenstände gegen angekettete Sklaven, diese werden daraufhin verschleppt und in Amerika verkauft, und bei der Rückkehr nach Europa ist das Schiff mit exotischen Produkten wie Zucker, Kaffee, Baumwolle und Indigo beladen. Das Ausmaß dieses Handels ist nicht unerheblich: Vom Beginn des 16. bis zum Ende des 19. Jahrhunderts wurden über die atlantische Route zwischen elf und zwölf Millionen vorwiegend junge Sklaven aus Afrika nach Amerika deportiert.

David de Pury ließ sich Mitte des 18. Jahrhunderts in Lissabon nieder, wo er sich erfolgreich in diesem Geschäft engagierte. Unter anderem war er Aktionär einer Compagnie, die auf den Menschenhandel mit Schwarzen spezialisiert war, sie wurden von den angolanischen Küsten auf die brasilianischen Plantagen verpflanzt. Unser Wohltäter stand also im Dienst der Sklavenhändler. Das sollte man doch wissen.

In Nantes habe ich einmal ein historisches Museum mit Objekten und Dokumenten besucht, die an die Gräuel der Sklaverei erinnern; und im Senegal habe ich vor einigen Jahren die Insel Gorée besichtigt, zwanzig Minuten von Dakar entfernt: ein unheimlicher Ort, an dem die Steine noch mit Leid getränkt sind und der zweihundert Jahre lang ein Lager war, von dem aus die Sklaven aus Afrika verschleppt wurden. Ich erinnere mich, bei der Ankunft auf der Insel mit der Fähre, an eine Schar Kinder mit aufgerissenen Augen, die *pièce* schrien und wie Delphine ins Meer tauchten, um die von den Touristen ins Wasser geworfenen Münzen aufzusammeln.

Apropos Sklaven: Ich habe ein Gedicht geschrieben für den *Spartaco* des Bildhauers Vincenzo Vela, dessen zweihundertster Geburtstag dieses Jahr in Ligornetto gefeiert wird; mein Text enthält auch eine Anspielung auf die Unternehmen der Schweizer Familien, die mit dem Sklavenhandel Geld gemacht haben (nicht nur die de Pury, wohlverstanden). Und immer noch zum Thema Sklaven, erinnere ich mich, im Département Doubs, zwischen den Bergen des französischen Jura, die Zelle gesehen zu habe, in der Toussaint Louverture starb, der Revolutionär aus Haiti, der 1800 eine Revolte in Santo Domingo anführte.

Ich bin immer wieder beeindruckt von den Autobiografien schwarzer Sklaven und der Lektüre von James Baldwin. In seinem Buch *Nach der Flut das Feuer* finde ich einen mit Bleistift unterstrichenen Satz: «Wer andere erniedrigt, erniedrigt sich selbst.»

Doch die Sklaverei stirbt nie aus, in einer neuen Form gibt es sie bis heute; man denke nur an die Erntearbeiter in Süditalien, die für wenige Euro elf bis zwölf Stunden pro Tag schuften; oder an die jungen Männer und Frauen ohne alle Rechte, die als Fahrradkuriere Essen ins Haus liefern, angeworben und ausgebeutet von Firmen, die sich als digitale Unternehmen tarnen.

In diesen Monaten bin ich dabei, die Lücken in meinem Studium, das ich nicht zu Ende geführt habe, zu füllen. Mit achtzig ist es zu spät? Warum denn? Jetzt habe ich Zeit, damals an der Uni hatte ich anderes zu tun.

Jetzt verlängert die Lektüre mir das Leben, genau wie der Garten. Ich denke an meinen Onkel, Stadtpolizist in Chiasso in den Boomjahren: Auf seinem Podest in der Nähe der Zollstation hob er die weiß behandschuhte Hand und stoppte mit einer eleganten Vierteldrehung den Verkehr. Er machte nie Karriere, er fühlte sich nicht berufen, doch am Abend tauchte er in die Welt der Literatur ein, bis seine Frau, die an Besessene glaubte, ihm befahl, die Bücher im Garten zu verbrennen. Er, scheu und stotternd, gehorchte.

So verschlangen die Flammen einige Meisterwerke der Weltliteratur, die auf dem *Index der verbotenen Bücher* standen. Doch der Onkel besaß so viele Bücher, in den Buchhandlungen von Como oder an Ständen auf der Straße erworben, dass der Teufel ihm ein bisschen half und seine Bibliothek für mich, wenn ich ihn besuchte, eine Art Zauberhöhle blieb.

Mit offenem Mund betrachtete ich die Regale, während unten der Großvater auf mich wartete, der nicht lesen konnte, um mich mit seinem Karren aufs Land zu fahren, denn es gibt nicht nur die Bücherkultur, sondern auch die Kartoffelkultur.

Es kommt vor, dass man sich an ein Buch klammert wie an ein Rettungsfloss. Man besteigt es, sucht die Küsten ab, findet aber keinen Hafen zum Anlegen. Daher verzichtet man darauf, den Fuß aufs Festland zu setzen, und lässt sich von den Wellen schaukeln.

Heute früh, als ich vom Tal herunterkam, sah ich eine Stockrose, die mich hinter einem Drahtzaun anschaute: mit strengem Blick, die Augen finster im Regen. Was hab ich ihr bloß getan?

Die erste Blüte der Passiflora,
die Passion, die wieder aufflammt
vom Grund der jungen Jahre, der bittersüße
Trost der Worte,
und jene verborgene Amsel, die
gleichgültig ihren Ton wiederholt.

Ich sehe Cosma auf FaceTime; aber von Angesicht zu Angesicht ist es natürlich etwas ganz anderes. Auf dem kleinen Display haben wir nicht die räumliche Dimension, wir werden zu Marionetten.

Doch er führt mir stolz sein Repertoire vor: der Reiher auf einem Bein, der Schwan, die Möwe. Er lebt in Genf und sieht die Vögel am See. Und er sieht auch die Elster und den Milan. Ich habe diese Vögel erst als Erwachsener gesehen, mein Enkel sieht sie mit zwei Jahren.

Dann macht er noch Yoga auf dem kleinen Bildschirm, das heißt, er legt seinen Lockenkopf auf den Boden und spreizt die Beine im spitzen Winkel. Er macht die Brücke und sieht mich von unten an.

Beim Malen bevorzugt er das Informel, die lyrische Explosion, und beim Lesen Tiergeschichten: Henne, Wolf, Hirsch. Der Hirsch ist sein Liebling, weil er so ein ausladendes, verzweigtes Geweih hat. «Tschau Cosmita!», rufe ich ihm zu, und als Antwort schwenkt er die Hand wie ein Fähnchen im Wind.

Es ist, als hätte diese Pandemie mir das Leben verlängert und zugleich verkürzt. Verlängert, weil ich es mit Lektüre, Gedanken und Schreiben gefüllt habe; verkürzt, weil ich häufiger gedacht habe, dass das Leben kurz ist.

Morgens beim Aufstehen höre ich ein Summen im Kopf. Es ist nicht der hohe Blutdruck, sondern die Gedankenbiene, die sich im größtenteils unerforschten Geist hierhin und dorthin wendet. Sie sagt Ja, Nein, Vielleicht. War es richtig gestern, dieses Wort zu sagen? Und wie wird die Reaktion sein? Und werde ich es schaffen, dass ...

Es hört sich an wie die Befürchtungen eines Jungen am Vorabend einer Prüfung, es sind aber, glaube ich, Gedankenspiele, die alle kennen. Es sind die offenen Rechnungen mit dem Bienenkorb des Lebens.

Die Pandemie verjüngt mich, zumindest ist das der Eindruck, den ich heute Morgen hatte, als ich zum Kiosk ging, um die Zeitung zu kaufen. Mir ist, als würde ich das Dorf besser kennen, in der Gegenwart und auch in der Vergangenheit. Als wäre der Blick freier, die Nebel zu durchdringen, als hätte er die Kraft, sie zu zerstreuen, als wäre die Landschaft meinen Fragen gegenüber nicht gleichgültig. So sehe ich heute nicht nur die Königskerze auf der Wiese hier vorne besser, sondern auch das Gras von gestern.

Ein Hauch, getränkt von Gras,
dringt in meinen Körper ein, durchquert
Venen Blut grünes Wasser,
wo die Träume schwimmen.
Am Morgen spült das Wasser Algen
an den einsamen Strand.

Manche Leute gleichen Karikaturen, wenn man sie so sieht. Karikaturen ihrer selbst oder von anderen.

Ein auf dem Titelblatt einer Wochenzeitschrift abgebildeter junger Sänger sieht nicht aus wie er selbst, sondern wie die Nachahmung eines berühmten Sängers. Es fehlt ihm an Originalität. Er ist eine Kopie, ein Faksimile. Das kann auch in der Literatur vorkommen. Ein Schreibender, der nicht die Kraft hat, er selbst zu sein, klettert auf die Schultern eines Riesen und streckt den Kopf vor.

Mir gefallen die Zurückgezogenen, die Stillen, die Vernachlässigten. Wie könnte mir also einer wie Indro Montanelli gefallen? Er war wieder zum Thema geworden, weil man in Mailand seine vergoldete Bronzestatue im Park an der Porta Venezia besudelt hat: nicht zum ersten Mal. Man hat ihn einen Rassisten und Vergewaltiger geschimpft, weil er als Freiwilliger im Äthiopienkrieg 1935 ein zwölfjähriges Mädchen gekauft hatte. Doch sehen wir mal, wer er wirklich ist, dieser «Journalistenfürst».

Ich habe meine Bücherregale durchforstet und ein zerfleddertes Büchlein von ihm gefunden, veröffentlicht 1947 unter dem Titel *Il buonuomo Mussolini*. Ein Bekannter, erinnere ich mich, der nichts damit anzufangen wusste, hat es mir weitergegeben. Ich habe darin geblättert, konnte aber meinen Ekel vor der «brillanten» Prosa eines Mannes nicht überwinden, der sagt, er verlasse sich auf den *sense of humour*, um von einem Diktator zu sprechen, der Italien zugrunde gerichtet hat. Danach gibt mir zum Glück eine Freundin das Buch der Tessiner Historikerin Renata Broggini, *Passaggio in Svizzera. L'anno nascosto di Indro Montanelli*, erschienen bei Feltrinelli 2007. Und hier erfahren wir die Wahrheit, die, die der Fürst unter seinem gestärkten Hemd versteckt.

Montanelli ist einer, der vorgibt, im Widerstand gewesen zu sein, und lügt, als er seine Erlebnisse erzählt, wodurch er das Andenken derer beleidigt, die für die Freiheit ihr Leben gegeben haben. Er ist zynisch, höhnisch, verächtlich, sagt, er sei 1944 zum Tode verurteilt worden, dabei ist er ein Wendehals, ein Profiteur des Faschismus, der unter Beihilfe von Theo Saewecke, Hauptsturmführer und Chef der Sicherheitspolizei, genannt der Henker von Mailand, aus dem Gefängnis San Vittore geflüchtet ist. Er ist der Busenfreund von Piero Scanziani, Vertrauensmann der Schweizer Faschistenbewegung in Rom, der 1934 das Blatt *Il fascista svizzero* und später *A noi* gründete.

Aus Brogginis Buch, das auf einer rigorosen Recherche basiert, geht hervor, dass Montanellis Hemd untilgbar besudelt ist. Warum also diesen Journalisten als Vorbild hinstellen, warum ihn in einem öffentlichen Park von Mailand verherrlichen?

Die Galeonen kommen heran
auf dem stillen Wasser der Frühe,
sie bringen das begrabene Wort
dessen, der sich verirrte auf der Suche
nach der Münze der reinen Schönheit
in der Strömung.

Im Lauf meines Lebens habe ich gelernt, von den anderen zu lernen, um zu verstehen, wie man leben kann. Man kann von seinen Eltern lernen – auch wenn es manchmal besser ist, gegen die Eltern zu rebellieren –, von seinen Kindern, von seinen Freunden. Auch von seinen Feinden. Man kann lernen, sich zu empören; und dann aber Mitleid zu haben, denn auch Empörung kann, wenn ihr kein Lächeln folgt, zur Karikatur ihrer selbst werden.

Nur über eines kann ich nicht lächeln: über das Böse, das die Menschen tun, in dem Wissen, es zu tun. Die Welt, nicht nur die der Politiker, ist voller bösartiger Leute. Von denen gibt es nichts zu lernen.

Noch nie habe ich einen Schmetterling aufmerksam aus der Nähe betrachtet. Jetzt, da er direkt vor mir auf den blauen Lavendelrispen sitzt, bemerke ich seine außergewöhnliche Schönheit und begreife, warum Nabokov ihm mit dem Netz hinterherjagte. Diese geheimnisvollen Augenflecken auf den Flügeln, diese Harmonie der Farben, diese rhythmische Bewegung, während er am Nektar saugt, all das weckt meine Bewunderung als an die Erde gefesselter Zweibeiner. Meine Schulterblätter werden niemals zu Schmetterlingsflügeln werden.

Ich sitze lesend zwischen Haselstrauch und Heckenrose und höre das gedämpfte Murmeln der Samstagsfrauen aus der Kirche hier in der Nähe. Ich bin kein Kirchgänger und auch nicht wirklich gläubig, und doch wecken diese Stimmen in mir eine Art jahrhundertealter Sehnsucht.

Diese einschläfernden Melodien, im Chor gesungen, gelegentlich auch falsch, schwappen über mich wie eine abstumpfende Welle, in der ich mich einen Augenblick gehen lasse. Ist das der «Seufzer der bedrängten Kreatur», das «illusorische Glück», von dem Karl Marx spricht, das Refugium, in dem die Dorffrauen zusammenkommen, um den enttäuschten Ambitionen, den verlorenen Träumen, dem in den krummen Schultern verborgenen Schmerz zu entgehen? Ich denke an Anton Tschechow und an die Poesie des Lebens, das man gern leben würde. Dieser Gedanke kommt mir, wenn ich den Blick vom Haselstrauch zum Kirschbaum wende, der seinen im Grün verborgenen Früchten allmählich Farbe verleiht.

Ich bin jeder Kirche fern, aber vielleicht doch irgendwie religiös. Mir gefällt Spinoza, sein «Deus sive natura», und ich empfinde ein Gefühl der Brüderlichkeit, das gewiss nicht die *prostitution fraternitaire* ist, von der Baudelaire in seinen *petits poèmes en prose* spricht. Der Appell an die Brüderlichkeit ist ein Gebet, das sich durch die Grausamkeit der Welt häufig in einen Fluch verwandelt.

Auch hier gibt es Drive-ins. Das ist normal. Man hockt in seinem Auto und isst Popcorn, wir sind ja keine glückliche Insel. Es ist normal, sich in seinem schönen, umweltverschmutzenden Auto abzuschotten, sich in seinem Panzer einzuigeln, um in Ruhe einen Film zu genießen. Normal, sich in lächelnde Roboter zu verwandeln, die den Planeten zerstören, und sich voneinander zu isolieren.

Die Schönwetterblume, die Golddistel,
die man an die Türen der Bauernhäuser nagelte,
ist verschwunden. Jetzt
ist es entweder zu schön oder zu schlecht,
hohe Wellen tragen uns fort,
die Erde bricht auf und verschlingt uns.

Ich habe die Nachtvögel gehört. Einen mit einem gekrümmten Schrei, den anderen mit einem *uì, uì*, mehrfach wiederholt, kleine Lichter im Dunklen. Was für Vögel mögen das sein? Was wollen uns diese hier in der Nähe verborgenen, geheimnisvollen Boten mitteilen, die seit je die Menschheit beunruhigt haben?

Montales Wiedehopf fällt mir ein, «heiterer Vogel, von den Poeten zwar verleumdet», denn ich habe in meinem Studio ein ausgestopftes Exemplar, das die Enkel begeistert mit seiner Federhaube und dem langen Schnabel; und der Uhu mit seinem schauerlichen Ruf, der «große Klager», der mir in einem Dokument aus dem 19. Jahrhundert begegnet ist, als ich auf der Suche nach Wörtern für eine Erzählung in den Papieren eines Archivs stöberte; und der Waldkauz, den ich eines Abends regungslos auf einem Tannenzweig sitzen sah.

Nun, bestimmt sind es zwei Waldkauze, ein Männchen und ein Weibchen, die ich heute Nacht gehört habe. Der Freund am Telefon bestätigt es mir. Es ist also nicht der «große Klager», der ja durchaus Grund genug hätte, über unser Unglück zu klagen ... Und in der Goldgrube, die das *Vocabolario dei dialetti della Svizzera italiana* ist, finde ich jetzt unter dem Stichwort «*düdü*» das Bild einer Waldohreule. Wie sie mich mit ihren aufgestellten Öhrchen ansieht!

Meine Freundin Lucilla, die seit Jahren an einem unheilbaren Tumor leidet, schreibt mir lange E-Mails voller Lebenslust, doch heute erhalte ich eine verzweifelte Botschaft. Ihre Wohnung ist Teil eines von einer schweizerisch-deutschen Gesellschaft verwalteten Gebäudekomplexes mit etwa hundert Wohnungen, wo heute mit unnötigen Renovierungsarbeiten begonnen wurde, wahrscheinlich aus Spekulationsgründen, sagt sie, um den Mietwert des

Gebäudes zu steigern. Im Augenblick sind die Vorbereitungen für die Baustelle im Gang: An einem Tag werden alle Pflanzen und Sträucher mit vielen Nestern ausgerissen, die sie von ihrer Fenstertür im Erdgeschoss sah, dann wird eine weiße Plastikplane ausgelegt und eine Straße trassiert; zuerst eine etwa zwanzig Zentimeter hohe Kiesschicht, dann Lastwagen voll Erde. Anschließend kommen die Raupenschlepper mit fünfzig Tonnen Beton, um den Kran zu halten, wenige Zentimeter vom Balkon entfernt. Dann sind die «Monster» dran: gewaltige Maschinen, die ihr komplett die Sicht verstellen. Der kleine Kran, der dazu diente, den großen zu montieren, Stück für Stück vom Monster gebracht, ist vorerst auf dem Hang abgestellt; der war am Ende des Winters gelb von Primeln und weiß von Anemonen und war der Trost meiner schwerkranken Freundin. Die Musik der Presslufthämmer in den weiter weg liegenden Wohnungen hat begonnen. Lucilla schreibt mir:

«Auf der Baustelle arbeiten drei, manchmal vier Arbeiter plus die Fahrer der Monster, sie machen keine Minute Pause, selbst am Samstag schuften sie den ganzen Tag. Sie sind höflich und zurückhaltend. Manchmal entschuldigen sie sich sogar. Nicht so die Verwaltung mit ihrer unmenschlichen Kälte, die ja derzeit einen Gutteil der Menschheit erfasst hat. Obwohl es, wenn man die Geschichte im Lauf der Jahrhunderte betrachtet, immer ‹Benachteiligte› gegeben hat, genauso wie unschuldige Opfer. Was diese Baustelle angeht, die für uns besonders lästig ist, weil sich alles wenige Zentimeter vor unserer Fenstertür abspielen wird, habe ich beschlossen, sie so zu nehmen, wie einen bestimmten Aspekt meines Krebses: als eine Herausforderung für meine Geduld und Belastbarkeit. Ich hoffe, es gelingt mir.»

Vor einigen Tagen traf ich einen auf der Straße, der zu mir sagte: «Wichtig ist, dass man morgens Lust hat aufzustehen.» Das klingt so dahingesagt, ist aber wahr. Am Morgen aufzuwachen bedeutet, wieder ins Leben geboren zu werden, die blühende Hortensie umarmen zu wollen, die Grobheit, die Unhöflichkeit zu vergessen, denen man ausgesetzt war. Schwieriger ist es, zu vergessen, was man anderen zugemutet hat.

Ich stehe gerne auf, wenn da ein Buch ist, das auf mich wartet. Wir brauchen jemanden, der auf uns wartet. Oder etwas Lebendiges, sei es auch nur eine Blume, ein hüpfender Spatz, das Licht, das sich durch die Bäume seinen Weg bahnt. Ein Buch kann all das sein.

Die riesigen Zeichen, die der Wind hinterlässt,
wenn er über ein Kornfeld bläst,
sind Spuren eines Luftwesens,
das uns begleitet.

In mir leben meine Eltern fort, meine Großeltern, die Verstorbenen. Und ich werde in meinen Kindern fortleben. Ist das die Religion (von *religare,* eng binden), die Bindung, die die Menschen eint? Meine Gedanken sind nicht nur meine. Auf den Wassern der Gefühle schwimmt ein Schiffchen, das von denen vom Stapel gelassen wurde, die mir vorausgegangen sind, und weiterfahren wird, gelenkt von denen, die mir folgen werden.

Meine Eltern konnten nie die Glyzinie sehen, die meine Terrasse beschattet, und auch nicht die Veranda, wo im Winter die Blumentöpfe untergestellt werden. Ich ja. Doch was ist denn dieses ganze Blättergewirr? Genügt nicht ein einziges Ästchen, das man auf der Straße im Vorübergehen bemerkt? Meine Eltern sind auch ein Teil von mir, und manchmal kommt es mir fast vor, als hätte ich sie verraten.

Jetzt ist Sommer. Ich sitze hier und lese. Der Haselstrauch verbirgt mich vor den Blicken der Fremden, mit seinen niederen Zweigen voller Nüsse, die ich nicht ernten werde. Der Efeu bedeckt das Gras zu meinen Füßen in Erwartung des Gewitters, das sich grollend entfernt.

Alles geht vorbei, hinterlässt aber eine Spur. Ein Schmetterling fliegt im Zickzack über das Gras, lässt feinen blauen Staub von seinen Flügeln fallen.

Ich lese *Vorschläge und Meinungen zum Leben* von Alain, Pseudonym von Émile-Auguste Chartier. Dieser Schriftsteller des 19. Jahrhunderts sagt Dinge, die sich einprägen: etwa die Beobachtung, von Laurence Sterne übernommen, wie klein sich ein Mensch fühle, wenn eine Gebärende im Haus ist. Oder die Betrachtungen über das Glück als Belohnung, die dem zuteilwird, der sie nicht gesucht hat: Dinge, die helfen, klar zu sehen.

Dann aber lese ich, dass es selbst diesem klugen Denker nicht gelungen ist, seinen Antisemitismus abzulegen; und plötzlich stumpft meine Begeisterung ab. Auch er ist diesem verheerenden Irrglauben aufgesessen, wie so viele. Im Rassenvorurteil haben sich bürgerliche und proletarische Köpfe, Rechte und Linke, Gläubige und Nicht-Gläubige, Intelligente und Dumme verstrickt. Es ist ein schwarzes, schlammiges Rinnsal, das quer durch Jahrhunderte, Gesellschaftsklassen, Ideologien fließt und nie versiegt. Mehrmals habe ich den Beweis dafür erlebt, auch im Gespräch mit Menschen, die ich für frei hielt. Auch hier bei uns.

«Alle Dichter sind Juden», sagt Marina Zwetajewa.

Welche Veränderung hat die Epidemie gebracht: Solidarität oder Misstrauen? Misstrauen heißt, nicht zu vertrauen, kein volles Vertrauen in das zu haben, was man hört, nicht sicher zu sein. Man kann auch sich selbst misstrauen. Es heißt, dass ein Stern fehlt, der uns die Richtung weist, ein Kompass, an dem wir uns orientieren können. So wird man immer einsamer; aber nicht im Sinne der wohltuenden Einsamkeit, die uns gestattet, uns selbst zu finden und manchmal auch, glücklich zu sein. Nein. Im Sinne der Einsamkeit, die mit Angst besetzt ist.

Andererseits habe ich den Eindruck, dass wir, zumindest in kleinen Gemeinschaften, freundlicher geworden sind. Als sei das Leben kostbarer geworden, ein empfindlicher Edelstein, der leicht bricht und mit Vorsicht behandelt werden muss.

Jetzt weiß ich es, sie heißt
Lysimachia vulgaris, diese Blume,
von allein gewachsen im grünen Rechteck
vor der Küche. Still,
nicht wie die eingebildete Orchidee,
nur ein grüner Stängel
mit goldener Blütenkrone.

Während ich im Eingangsbereich des Supermarkts, wo ein paar Kunden mit Maske herumirren, auf Raffaella warte, sehe ich mich um. Plötzlich leuchtet über mir ein Werbebildschirm auf, einer von denen, über die Bilder im Weltformat flimmern. Unter anderem beindruckt mich ein hoher perlrosa Himmel, dem auf einem anderen Bildschirm eine Flucht erleuchteter Häuser folgt – vielleicht eine südamerikanische Großstadt, denke ich. Doch darunter lese ich *Helvetia by night*, und in der Ecke *Lugano*. Für mich ist das nicht Lugano, sondern eine Erfindung des Fotografen. Die Stadt, die wir kennen, überlässt einer «Megatrend-Vision» das Feld.

Doch warum soll man sich wundern? Die Welt ist ein Ort voller Visionen, und wir sind die Amsel, die pfeifend auf einem Ast sitzt. Man muss sich dessen nur bewusst sein. Ändern kann man sie nicht, die Welt, aber es ist jedenfalls besser, nicht ihr Opfer zu werden.

Heute fällt mir das Schreiben schwer. Mein Bleistift ist stumpf, der Motor stockt, wie wegen einer tieferen Verletzung als gewöhnlich.

In diesen Aufzeichnungen, geschrieben in ein schwarzes Moleskine-Heft, habe ich versucht, über die von Liebe und Hass, Größe und Elend bewegte Menschheit nachzudenken; doch nachdem ich die Nachricht über den Prozess eines Jungen in Bellinzona gelesen habe, der ein Blutbad in einer Schule geplant hatte, kann ich nicht mehr schreiben. Ein Junge, der Hitler und die Urheber der Massaker in den Colleges in den USA verehrt! Ein Junge, der Waffen liebt, der die anderen und sich selbst hasst, ist für mich schwer vorstellbar. Und doch gibt es ihn, er lebt mitten unter uns, ist unseresgleichen, durchdrungen von den sinnentleerten Werten, die wir ihm einimpfen. Auch hier, im lachenden Kanton Tessin, wo heute, am 1. Juli, die Kastanienbäume einen betörenden Duft verströmen in den mit weißen Kerzen geschmückten Wäldern.

*Hartnäckig ruft heute Morgen die Amsel, sagt
komm mit mir, lass die ungesunde Welt,
öffne noch einmal die Augen,
an den Wegkreuzungen lauern Bewaffnete,
tätowiert wie Schlangen,
sie verbergen eine Klinge, um ihn zu töten,
den stummen Zigeuner. Komm mit mir,
öffne die Augen dem Licht,
das aufflammt, die Kastanie blüht,
versucht, weiterzuleben. Ich zeige dir
das Wasserloch, in dem sich spiegelt
die Helle, ich zeige es dir. Hör nicht
auf das Jaulen des Hunds an der Kette,
kümmre dich nicht um das Klirren der zerbrochenen*
                                                      Scheiben
*am Gewächshaus, wo die verletzte Liebe liegt.
Lerne die Freude von mir, singe auch du,
auch wenn du ein bisschen falsch singst.*

Heute Nacht fiel mir ein Satz für mein Tagebuch ein, doch bin ich nicht gleich aufgestanden, um ihn zu notieren, da ich dachte, beim Aufwachen würde ich mich daran erinnern. Doch kaum war ich wach, habe ich ihn vergessen. Ich fürchte, es ist der schönste Satz des Buches.

ANMERKUNGEN

6 *Der Psychoanalytiker Boris Cyrulnik:* Vgl. etwa Boris Cyrulnik, *Rette dich, das Leben ruft!* Erlebnisbericht. Aus dem Französischen von Hainer Kober, Ullstein, Berlin 2013.

7 *Sous le pont Mirabeau:* (Unter dem Pont Mirabeau fließen die Seine / Und unsere Liebe / Ich muss es mir merken / Nach dem Kummer kam immer die Freude.) Aus einem Gedicht aus dem Zyklus *Alkohol* von Guillaume Apollinaire.

7 *Per te su fil di lama:* (Erreichtes Glück, wir gehen / für dich auf Messers Schneide) Aus einem Gedicht aus dem Zyklus *Tintenfisch-Knochen* von Eugenio Montale, vgl. Eugenio Montale, *Gedichte 1920–1954*, Italienisch – Deutsch, übertragen von Hanno Helbling, Carl Hanser Verlag, München 1987.

10 *so kann auch die uns einmal zur Rettung dienen:* Aus Fjodor M. Dostojewski, *Die Brüder Karamasow. Roman in vier Teilen und einem Epilog.* Aus dem Russischen von Hermann Röhl, 1924, zugänglich auf projekt-gutenberg.org.

12 *müsse aus der Dunkelheit das Licht zutage fördern:* Auf Deutsch ist von María Zambrano erhältlich: *Philosophie und Dichtung und andere Schriften*, herausgegeben und aus dem Spanischen übersetzt von Charlotte Frei, Turia + Kant, Wien / Berlin 2004.

12 *verzückt wird sie sich vor dir winden:* Franz Kafka, *Die Acht Oktavhefte*, zugänglich auf projekt-gutenberg.org.

27/28 *Fachmenschen ohne Geist, Genussmenschen ohne Herz / das stahlharte Gehäuse:* nach Max Weber, *Die protestantische Ethik und der Geist des Kapitalismus*, Beck Verlag, München 2010.

28 *der Ball des Kindes, der zwischen den Häusern davonrollt:* Zum Gedicht von Eugenio Montale (s.o. S. 7).

28 *Goethes Gedichte in der Übersetzung von Giorgio Orelli:* Johann Wolfgang Goethe, *Poesie scelte*, tradotte da Giorgio Orelli, Mantovani, Milano 1857.

29/30 *Giacomo Leopardi schreibt in einem berühmten Abschnitt des Zibaldone:* Giacomo Leopardi: *Gesänge. Dialoge und andere Lehrstücke. Zibaldone*, Aus dem Italienischen von Hanno Helbling und Alice Vollenweider, Auswahl der Texte aus dem *Zibaldone* von Karlheinz Stierle. Winkler Verlag, München 1978, Neuauflage in einem Band 1998.

39 *sagt Freud in einem berühmten Text:* Sigmund Freud, *Betrachtungen über den Krieg und den Tod*, in *Gesammelte Werke*, Band 8, Fischer Taschenbuch, Frankfurt 1999.

39 *Ich weiß, dass ich sterben werde, aber ich glaube es nicht:* Jacques Madaule in *Considération de la mort*, Editions R-A, Corréa, Paris 1934.

39 *«Er ist tot und ich nicht», dachte oder fühlte jeder von ihnen:* Leo Tolstoi, *Der Tod des Iwan Iljitsch*, in: *Erzählungen*, aus dem Russischen Barbara Heitkamp, Reclam Stuttgart 1992.

43 *die tragische Freude des Partisanen Johnny fühlen:* Beppe Fenoglio, *Il partigiano Johnny*, a cura di Lorenzo Mondo, Collana Supercoralli, Einaudi, Torino 1968–1997.

43 *die Naivität der Signorina Felicita:* Figur aus dem Gedicht *La Signorina Felicita ovvero la felicità* von Guido Gozzano.

43/44 *die Einsamkeit der alten Zelinda:* Silvio D'Arzo, *Casa d'altri e altri racconti*, Einaudi, Torino 2007.

45 *Sie müssen aber Tourist sein:* Bertolt Brecht, *Flüchtlingsgespräche*, Aufbau-Verlag, Berlin 1961.

47 *als am 4. September 1843 ihr Boot kenterte:* Victor Hugo, *Les Contemplations*, Livre IV, 5, Novembre 1846, jour des morts (von Maja Pflug übersetzt aus dem Italienischen von Alberto Nessi).

48 *Von den literarischen Tagebüchern des 20. Jahrhunderts:* Kafka-Tagebücher zugänglich auf projekt-gutenberg.org. Die Tagebücher von Julien Green sind im List Verlag 1991–2000 erschienen. Cesare Pavese, *Das Handwerk des Lebens, Tagebuch 1935–50*, Claassen Verlag, Berlin 2000. Eugenio Montale: *Diario del '71 e del '72* (1973), *Quaderno di quattro anni* (1977), *Diario postumo/Das Posthume Tagebuch/Die Worte sprühen*, P. Kirchheim Verlag, München 1998. Gustave Roud: *Lied der Einsamkeit und andere Prosadichtungen*, aus dem Französischen von Gabriela Zehnder, Vorwort von Philippe Jaccottet.

48 *Die Pflanze hat eine Seele:* Jules Renard, *Journal 1887-1892*, Editions Bernouard, Paris 1925–1927 (aus dem Französischen von Maja Pflug).

48 *fixierte Gegenwart sein und nicht umgekehrt:* Jean Genet, *Querelle de Brest. Tagebuch eines Diebes*, autobiographischer Roman, aus dem Französischen von Gerhard Hock und Helmut Vosskämpfer, Merlin Verlag, Hamburg 1961.

49 *in ihrer Ausübung:* Michel de Montaigne, *Von der Freundschaft*, Aus dem Französischen von Herbert Lüthy, Kleine Bibliothek der Weltweisheit 8, dtv München 2005.

50 *bewaffnete Räuber im Wald, die die Schwächeren ausrauben:* Étienne de La Boétie, *Von der freiwilligen Knechtschaft*, überarbeitete und ergänzte Fassung der Übersetzung von Gustav Landauer, um die bislang gekürzten Passagen ergänzt, erste vollständige Ausgabe in deutscher Sprache. Trotzdem Verlag, Frankfurt 2009.

53 *Ganzes daraus zu bilden, ist Sache des Dichters:* Johann Peter Eckermann, *Gespräche mit Goethe in den letzten Jahren seines Lebens*, zugänglich auf projekt-gutenberg.org.

53 *so werdet ihr ihn vernichten:* Johann Peter Eckermann, *Gespräche mit Goethe in den letzten Jahren seines Lebens*, zugänglich auf projekt-gutenberg.org.

71 *das ich in diesen meditativen Tagen zur Lektüre empfehle:* Antonio Prete, *Compassione. Storia di un sentimento*, Bollati Boringhieri, Turin 2013.

71 *die freien saftigen grünen Weiden Rumäniens!* Rosa Luxemburg, Brief aus dem Gefängnis – an Sonja Liebknecht (Mitte Dezember 1917), hier zitiert nach: geest-verlag.de/news/rosa-luxemburg-brief-aus-dem-gefängnis-sonja-liebknecht-mitte-dezember-1917.

81 *ein schönes Buch über seine Heimat geschrieben hat:* Nicola Canonica, *Mariapaelio*, Dadò, Locarno 2013.

81 *hübschen, hellen Holzkästchen in Sargform:* Charles Berthouzoz, *La nuda morte*, Alla chiara fonte, Lugano-Viganello 2014.

83 *in dem einer meiner Romane teilweise spielt:* Alberto Nessi, *Die Wohnwagenfrau*, Limmat Verlag, Zürich 1998.

86 *anwendeten – alles war nutzlos:* Thukydides, *Der Peleponnesische Krieg*, übersetzt und herausgegeben von Helmuth Vretska, Reclam, Stuttart 1966.

87 *da sie Infektionsüberträger sind, schreibt der Historiker:* Giuseppe Martinola, *La peste a Mendrisio nei tempi passati*, Edizioni Stucchi, Mendrisio 1943.

98 *junge Sklaven aus Afrika nach Amerika deportiert:* Siehe David Thomas / Bouda Etemad / Janick M. Schaufelbuehl, *Schwarze Geschäfte – die Beteiligung von Schweizern an Sklaverei und Sklavenhandel im 18. und 19. Jahrhundert*, Limmat Verlag, Zürich 2005.

106 *seinen petits poèmes en prose spricht:* Charles Baudelaire, *La solitude*, in *Oeuvres complètes*, Gallimard, Paris 1961.

107 *heiterer Vogel, von den Poeten zwar verleumdet:* vgl. Eugenio Montale, *Gedichte 1920–1954*, Italienisch – Deutsch, übertragen von Hanno Helbling, Carl Hanser Verlag, München 1987.

DER AUTOR

Alberto Nessi, geboren 1940 in Mendrisio, studierte an der Universität Freiburg Literaturwissenschaft und Philosophie. Er ist verheiratet und hat zwei Töchter. Er unterrichtete italienische Literatur in Mendrisio, schrieb für Zeitungen und verfasste Hörspiele. Sein Werk wurde vielfach ausgezeichnet, zuletzt mit dem Schweizer Grand Prix Literatur für sein Lebenswerk. Alberto Nessi lebt in Bruzella.

DIE ÜBERSETZERIN

Maja Pflug, geboren in Bad Kissingen, Übersetzerausbildung in München, Florenz und London, übersetzt seit über dreißig Jahren italienische Literatur ins Deutsche, u. a. P. P. Pasolini, Cesare Pavese, Natalia Ginzburg, Fabrizia Ramondino, Rosetta Loy, Alberto Nessi, Anna Felder, Giovanni Orelli und Anna Ruchat. Als Autorin veröffentlichte sie 1995 «Natalia Ginzburg. Eine Biographie», die auch ins Italienische übersetzt wurde. Sie lebt in München und Rom. Sie wurde 1987 mit dem Premio Montecchio, 1999 mit dem Christoph-Martin-Wieland-Übersetzerpreis und 2007 mit dem Jane Scatcherd-Preis ausgezeichnet. 2011 erhielt sie für ihr Lebenswerk den Deutsch-Italienischen Übersetzerpreis.

Dieses Buch wurde mit finanzieller Unterstützung durch den Förderverein des Limmat Verlags realisiert.

Die Übersetzung dieses Werks wurde von der Oertli-Stiftung und der Schweizer Kulturstiftung Pro Helvetia unterstützt.

prohelvetia

FONDATION
OERTLI
STIFTUNG

Im Internet
› Informationen zu Autorinnen und Autoren
› Hinweise auf Veranstaltungen
› Links zu Rezensionen, Podcasts und Fernsehbeiträgen
› Schreiben Sie uns Ihre Meinung zu einem Buch
› Abonnieren Sie unsere Newsletter zu Veranstaltungen und Neuerscheinungen
› Folgen Sie uns

Das *wandelbare Verlagsjahreslogo* auf Seite 1 zeigt Leselampen aller Art, Linoldruck von Laura Jurt, Zürich, laurajurt.ch

Der Limmat Verlag wird vom Bundesamt für Kultur mit einem Strukturbeitrag für die Jahre 2021–2024 unterstützt.

Typografie und Umschlaggestaltung: Trix Krebs
Druck und Bindung: Friedrich Pustet, Regensburg

ISBN 978-3-03926-024-9
© 2021 by Limmat Verlag, Zürich
www.limmatverlag.ch